# Schrader-Motor-Chronik

## DEUTSCHE SEITENWAGEN-MOTORRÄDER

### VON ADLER UND BMW
### BIS TRIUMPH UND ZÜNDAPP

WH-27065

Schrader-Motor-Chronik

# DEUTSCHE SEITENWAGEN-MOTORRÄDER

## VON ADLER UND BMW BIS TRIUMPH UND ZÜNDAPP

Eine Dokumentation von Stefan Knittel und Klaus Vollmar

Schrader Verlag

Einst gehörten sie zu den Selbstverständlichkeiten im alltäglichen Verkehrsbild, die Motorräder (und auch Roller) mit Seitenwagen – heute sieht man sie nur mehr sehr selten. Dieser Band der SMC-Reihe präsentiert eine Fülle interessanter Prospekte und Kataloge namhafter und auch weniger bekannter Firmen, die Seitenwagen herstellten; eine nostalgische Revue mit gelegentlichen Seiten(wagen)-blicken in die Gegenwart.
Allein die Quantität des zur Auswahl stehenden Materials machte es unmöglich, alle Prospekte in ihrem gesamten Umfang abzubilden. Die Gespann-Parade beginnt im Jahr 1926 und reicht bis in die achtziger Jahre hinein – wobei wir auch Fabrikate aus Österreich berücksichtigt haben, sicher im Interesse vieler Leser.
Einen Großteil des hier wiedergegebenen Materials stellte uns Klaus Vollmar vom WK-Verlag in Bad Salzuflen zur Verfügung. Sein Archiv – ein ständiger Umschlagplatz für Liebhaber und Sammler – dürfte das umfangreichste in unserem Lande sein, und ich bin Klaus Vollmar für seine Unterstützung sehr zu Dank verpflichtet.

Halwart Schrader
Herausgeber

Neudruck der 1986 im Verlag Schrader Automobil-Bücher
Handels GmbH, München, erschienenen Originalausgabe


Hinter den Höfen 7, D-3113 Suderburg-Hösseringen
1992


Dokumentation: Walter Zeichner
Gestaltung: Sonja Anderle
Satz und Druck: Bosch-Druck, Landshut/Ergolding
ISBN 3-922617-52-2
Printed in Germany

# Inhalt

# Gutes Gespann: Motorrad und Seitenwagen

Zur Zeit der Jahrhundertwende galten die ersten Motorradfahrer auf den staubigen Landstraßen oder dem Kopfsteinpflaster der Städte noch als hartgesottene Abenteurer; ihre knatternd motorisierten Fahrräder sahen nicht gerade vertrauenerweckend aus. Doch die technische Entwicklung schritt rasch voran, die Fahrzeuge erwiesen sich als immer besser beherrschbar und wurden bald auch relativ zuverlässig.

Den Spaß an aufregenden Überlandtouren konnte ein Motorradfahrer jedoch nur allein genießen, es gab keine Möglichkeit, einen Beifahrer mitzunehmen. Den Ritt auf dem eventuell vorhandenen Gepäckträger erst überhaupt nicht in Erwägung ziehend, ersannen mehrere Techniker und Bastler zur gleichen Zeit verschiedenartige Lösungen. Die Palette reichte vom Korbsessel auf einem Anhänger bis zum „Vorsteckwagen", bei dem eine Sitzgelegenheit mit einer Achse und zwei Rädern versehen und anstelle des Vorderrads mit dem Lenkkopf des Motorrads verbunden wurde.

Unsicheres Fahrverhalten der modifizierten Vehikel und Beschwerden der zumeist weiblichen Passagiere, entweder Wind und Wetter von vorne oder dem aufgewirbelten Staub von hinten ausgesetzt zu sein, verwehrten diesen Anbaukonstruktionen eine große Zukunft. Durchgesetzt hat sich statt dessen die Anordnung eines seitlichen Auslegers mit Stützrad. Beifahrer oder Beifahrerin saßen zwar zunächst weiterhin ungeschützt im Korbsessel, aber nun wenigstens kommunikationsgünstig neben dem Fahrer.

Während das Motorrad vor allem in England und den USA eine stürmische Entwicklung durchlief und in großer Zahl in den Verkehr gelangte, schwand das Interesse in Deutschland bereits nach wenigen Jahren wieder dahin. Nach 1907 blieben nur noch NSU und Wanderer im Geschäft, da sich beide Firmen auf Exporterfolge verlassen konnten. Die Neckarsulmer hatten als eines der ersten Unternehmen Motorräder mit Seitenwagen angeboten und beobachteten die Weiterentwicklung in diesem Bereich sehr genau. Dem englischen Vorbild folgend, ergänzten bereits ab 1912 fest karossierte Seitenwagen-„Boote" die bisherigen Korbgeflechte. Als gleichzeitiger Hersteller von Automobilen verfügte NSU über eine Stellmacherabteilung, in der auf Holzgerippen Blechkarosserien aufgebracht wurden.

Eine gänzlich neue Situation entstand nach dem Ende des Ersten Weltkriegs. Mit billigen Leichtmotorrädern nahm das Zeitalter der Massenmotorisierung seinen Anfang, die große Nachfrage ließ in Deutschland zahllose kleine Unternehmen aus dem Boden schießen. Teurere Motorräder der größeren Hubraumklassen waren ebenfalls wieder gefragt, zumal nun fahrsichere und recht leistungsfähige Modelle auf den Markt kamen. Zu den sportlichen Maschinen gesellten sich robuste Konstruktionen für den härtesten Alltags- oder Berufseinsatz. Die Nutzung des Motorrads ließ sich natürlich durch den An-

*Puch 6/7 PS von 1908 mit Seitenwagen – so bequem machte man es sich vor achtzig Jahren als Passagier!*

*Natürlich war eine Ausfahrt in diesem Korbstuhl nur etwas für schönes Wetter.*

*Links: Motorrad-Taxen in Nürnberg. Solche preiswerten Beförderungsmittel wurden in den zwanziger Jahren in ganz Deutschland populär.*

*Oben: Opel-Gespann aus den dreißiger Jahren. Man hatte damals wie auch später häufig links montierte Seitenwagen.*

bau eines Seitenwagens noch steigern; neben der Mitnahme von Passagieren trat der Transport von Waren oder Werkzeug in den Vordergrund.
Zunächst beschäftigten sich die Motorradhersteller noch selbst mit der Entwicklung und Fertigung von Seitenwagen, ab 1924 jedoch kamen die ersten Seitenwagenkonstruktionen von Spezialfirmen auf den Markt. In England hatten die Seitenwagenmarken wie Mills-Fulford oder Watsonian die technische und stilistische Weiterentwicklung ohnehin schon in den Jahren vor 1914 dominiert. Die neuen deutschen Hersteller begannen jetzt ihre eigene Richtung einzuschlagen, obwohl natürlich auch sie auf eine enge Zusammenarbeit mit den Motorradwerken angewiesen waren. In vielen Fällen führte dies sogar zu gesonderten Programmen für die jeweiligen Werke, die diese dann unter ihrem eigenen Namen im Angebot führten.
Den Anfang machten Hans Bohnenberger und Johann Wimmer in München, die im Februar 1924 die Produktion ihrer Royal-Seitenwagen aufnahmen und noch im selben Jahr mit BMW ins Geschäft kamen. Der BMW-Seitenwagen „Type S 38" im Katalog für das Modelljahr 1925 wurde von Royal geliefert und wies statt des L-förmigen Standardchassis einen stabileren Rechteckrahmen auf. Aber Royal-Seitenwagen wurden nicht nur an BMW geliefert; im eigenen Katalog des Herstellers fanden Besitzer von BMW-Motorrädern und auch aller anderen Modelle eine breite Palette verschiedener Aufbauten. Besonders das sportliche, zigarrenförmige Seitenwagenboot fand großen Anklang, es sollte bis in die fünfziger Jahre die bevorzugte Bauform in Deutschland bleiben.
Bei den Transportseitenwagen standen offene Pritschen, Kästen mit Klappdeckel oder ganz spezielle Kofferaufbauten mit Hecktüren zur Verfügung. Diese Ausführungen hielten sich zwar lange im Angebot, sie erreichten jedoch nie eine ähnliche Verbreitung wie in vielen Nachbarländern, da in Deutschland für Transportzwecke eher spezielle Lieferdreiräder angeschafft wurden und das Angebot hier sehr umfangreich war.

*Für Rückzug- und andere Gefechte: Maschinengewehr-Krad der Reichswehr. Schwere Gespanne taten beim Militär aller Nationen ihren Dienst . . .*

Als Johannes Mittenzwei 1925 dem Leipziger Bootsbauer Stoye ein gegenüber den bisherigen Konstruktionen verbessertes Seitenwagenkonzept zeigte, willigte dieser ein, künftig gemeinsam Stoye-Seitenwagen zu produzieren, womit eine weitere bedeutende Marke ihr Debüt feierte. Etwa zur gleichen Zeit begann sich die Anhaltische Fahrzeugfabrik in Dessau ebenfalls mit dem Bau von Seitenwagen zu beschäftigen und brachte sie schließlich unter dem Namen „Dessauer" auf den Markt.
Die Nürnberger Firma Ardie führte 1927 in Deutschland die Verkaufsstatistik bei den schweren Motorrädern mit ihrem 500-ccm-Tourenmodell (JAP sv-Motor) an. Für sie lag deshalb nahe, es den ärgsten Konkurrenten BMW, D-Rad und NSU gleichzutun und einen eigenen Seitenwagen anzubieten. Man wandte sich mit diesem Vorhaben an die Karosserie- und Landmaschinenfabrik Josef Steib in der Nürnberger Zerzabelshofstraße. Steib erfüllte jedoch nicht nur diesen Auftrag, sondern betrieb bald die Entwicklung eines eigenen Seitenwagenprogramms in großem Stil.
Da die Herstellung von Seitenwagen nun ein recht lohnendes Geschäft zu sein schien, traten noch zahlreiche weitere Anbieter auf den Plan, etwa Albert Philipp in Dresden-Stetzsch mit seinen APS-Seitenwagen, Kalinowski in Oberursel mit den Kali-Modellen, Alfred Jockisch, Leipzig, führte die Marke Juwel ein. H. Ahl-

born Junior, ebenfalls Leipzig, baute neben seinen Pkw-Anhängern auch AJL-Seitenwagen. Weitere Marken waren EFKA, Favorit und Stolz aus Berlin, wobei sich letztere durch ihre speziellen Rennseitenwagen auszeichnete, ERO aus Oberursel und Swan-Ajax aus München. Diese Firma lieferte den Lizenzbau des österreichischen Felber-Seitenwagens mit dem charakteristischen Bügelrahmen über der Vorderpartie des Aufbaus. Neben der dadurch auch außerhalb Österreichs bekanntgewordenen Marke Felber existierte dort noch ihr direkter Konkurrent Rekord mit ähnlichen Konstruktionen. Der größte Anbieter im Nachbarland war jedoch Max Porges in Wien mit seinem weitgefächerten Programm, 1935 bot er 20 verschiedene MP-Seitenwagen auf acht unterschiedlichen Chassis an.

Neben der bequemeren Ausstattung der Reiseseitenwa-

*Das Team Millauer, Mielke und Dingler unternahm 1931 mit drei Standard-Gespannen eine Afrika-Durchquerung von Nord nach Süd. Eine Leistung, die viele Abenteuer einschloß und überall große Anerkennung fand.*

## B.V.-Tips für das Motorrad — Seitenwagenfahrtechnik

Kaum einer, der von der Solomaschine zum erstenmal in den Sattel des Gespanns steigt, unterläßt es, frisch-fröhlich loszubrausen und vielleicht schon nach 10 m, spätestens nach 5 km, mit dem Gespann außerhalb der Fahrbahn zu landen. Dennoch ist **Gespannfahren leicht,** sowie man begriffen hat, daß man die Maschine nicht mehr wie bisher drücken kann, daß sie nicht wie eine Solomaschine geritten, sondern wie ein Boot mit Kraft gesteuert werden muß.

Abb. 1

Überlegen wir uns die **Kräfteverhältnisse** des fahrenden Gespanns. (Abb. 1.) Alle Bewegungen des Gespanns — das eine erhebliche Masse darstellt — erfolgen, vom Fahrer aus gesehen, mehr oder minder stark „einseitig", da der Schwerpunkt nicht mehr wie bei der Solomaschine irgendwo unter seiner Sitzfläche, sondern seitlich von ihm liegt!

Beim Anfahren wirken die Kräfte in Richtung der blauen Pfeile. Der Schwerpunkt möchte zurückbleiben, die Maschine also um ihn herumlaufen: Das Gespann läuft, wenn man nicht gegensteuert, in eine Kurve nach der Seitenwagenseite. Damit haben wir auch den ersten Fahrtrick erfaßt: In Kurven nach der Seitenwagenseite Gas geben! (Bei Sportseitenwagen mit getrenntem Seitenwagenbremse kann man durch leichtes Anbremsen des Seitenwagenrades eine zusätzliche Hilfe geben.)

Beim **Bremsen** liegt der Fall umgekehrt (rote Pfeile): Die Maschine will zurückbleiben und der Schwerpunkt weiterlaufen. Das Gespann zieht nach der Maschinenseite in die Kurve, und das ist der zweite Trick fürs Kurvenfahren: In Kurven nach der Maschinenseite bremsen! In der Kurve nach der Seitenwagenseite reißen die **Fliehkräfte** den Schwerpunkt nach außen, und weil er ein ganzes Stück über dem Boden liegt, will die Maschine nach außen kippen: Das Gespann „kommt hoch" (Abb. 2). Nur nicht ängstlich. Das ganze Körpergewicht nach der Seitenwagenseite legen. Sie können unbesorgt mit dem Außenfuß von der Raste herunter, mit der Außenhand nach der Lenkerinnenseite greifen und sich mit dem Außenknie am Sattel einhängen. Üben Sie das auf einem großen Platz, und probieren Sie aus, was das Gespann macht,

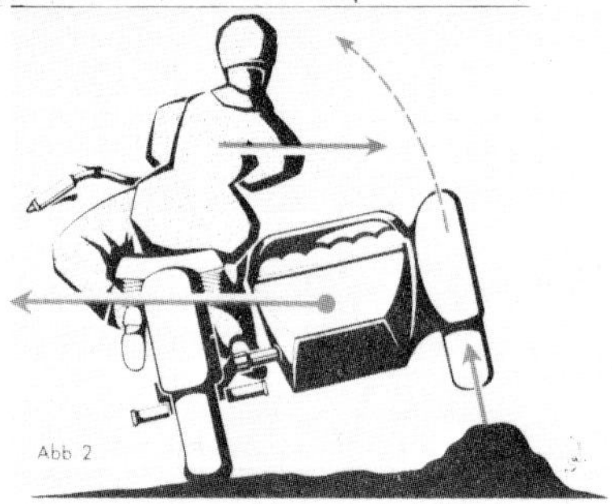

Abb. 2

wenn Sie dabei bremsen oder Gas geben. Sie wollen keinen Geländesport treiben? Sie sind ein gesetzter Familienvater und Sonntagsfahrer? Üben Sie es dennoch. Es rettet Sie vielleicht in einem nicht selbstverschuldeten gefährlichen Augenblick. Bis Sie **Erfahrungen** haben: Vorsicht auf schlechten Straßen mit gebackenen oder gefrorenen Gleisen. Wenn Sie keine Seitenwagenradeinzelfederung haben, wird die Maschine oft plötzlich ganz eklig seitlich gekippt (Abb. 2, roter Pfeil). Manchmal wird die Maschine dabei plötzlich rechts oder links herumgerissen. Also Lenker festhalten, Steuerungsdämpfer stets gut anziehen, nicht plötzlich bremsen und beschleunigen! Sommerwege und Vertiefungen auf der Seitenwagenseite sind ziemlich harmlos. Sommerwege und Vertiefungen auf der Maschinenseite, also auch Erhöhungen auf der Seitenwagenseite, können sehr gefährlich werden.

Bevor Sie losfahren, beachten Sie bitte genau, was im Tip II, 3 steht. Nur wenn Gespann und Maschine tadellos in Ordnung sind, können Sie sich darauf einfahren, ohne den Verkehr und sich selbst zu gefährden. **B.V.-Tips studieren,** denn das Gespann verlangt gute Vergasereinstellung, Kerzen mit genügendem Wärmewert, kleinere Übersetzung und Beachtung aller Gesichtspunkte für Höchstleistung.

Sonst gilt alles, was auch für die Solomaschine gilt.

Seitenwagenfahren schwer? Nein, leicht, sowie man „steuert" statt zu „reiten". Immer stetig, zügig und gleichmäßig fahren. Seitenwagenfahren gefährlich? Nein. Sie werden finden, daß das Gespann **das sicherste Fahrzeug** überhaupt ist. Ein geübter Fahrer kann im Verkehr und auf Schnee und Glätte und in schlechtem Gelände mit dem Gespann mehr ausrichten als ein guter Wagenfahrer.

**Gespannbetrieb verlangt Benzol-Gemisch: B.V.-ARAL**

*Die Mineralölgesellschaften gaben schon immer technische Literatur heraus mit praxisbezogenen Informationen aller Art. Auch für Gespannfahrer gab es Tips und Hinweise, so wie diese von der Firma B.V. Aral, erschienen 1938.*

*Gegenüberliegende Seite: Der NSU-Pressedienst verschickte in den fünfziger und sechziger Jahren regelmäßig Bilder und Texte dieser Art. Das Foto stammt von der ADAC-Wintersternfahrt 1956.*

gen galt in den dreißiger Jahren das Hauptaugenmerk der Hersteller der Verbesserung von Fahrgestell und Seitenwagenanschlüssen. Blattfedern für Rad- und Karosserieaufhängungen wurden durch Gummibänder, Schraubenfedern und Schwingachskonstruktionen ersetzt. Kugel-Schnellanschlüsse vereinfachten die Demontage des Seitenwagens für die Solofahrt und erlaubten auch verstellbare oder schwingungsdämpfende Streben zwischen Seitenwagen- und Motorradrahmen, was bei den noch weitgehend verwendeten Maschinen ohne Hinterradfederung durchaus willkommen war. Die Fahrbahnstöße an Seitenwagen- oder Hinterrad ließen sich einigermaßen voneinander isolieren und versetzten nicht mehr unbedingt das ganze Gespann in Unruhe.

Steib und Stoye beherrschten in den dreißiger Jahren 80 Prozent des deutschen Seitenwagenmarkts, ihr Konkurrenzkampf spielte sich mit entsprechender Härte ab. Neben dem Direktverkauf galt dies vor allem im Wettbewerb um die Aufnahme in die offiziellen Seitenwagenangebote der wichtigen Motorradhersteller. Die Nürnberger Firmen Ardie und Zündapp bevorzugten Stoye gegenüber dem ortsansässigen Konkurrenten, Steib belieferte dagegen NSU. BMW blieb weiterhin Royal treu.

Zu einem lukrativen Geschäft entwickelte sich in den dreißiger Jahren die Lieferung von Motorradgespannen für den Behördeneinsatz, vor allem beim Aufbau der Wehrmacht wurden große Stückzahlen benötigt. BMW-Royal und Zündapp-Stoye waren die hauptsächlichen Lieferanten, wobei mit der zunehmenden Vereinheitlichung aufgrund der behördlichen Bauvorschriften sich die Seitenwagen mit dem geräumigen „Behördenboot" stark anglichen. Auch Steib fertigte solche Seitenwagen. In der Kriegsproduktion schließlich montierten alle drei Firmen die Einheitsseitenwagen, darunter auch jene mit einer Antriebswelle für das Seitenwagenrad, wie sie bei BMW R 75 und Zündapp KS 750 Verwendung fanden.

**Ein Eis-Slalom** von fraglichem sportlichen Wert schloß die Wintersternfahrt ab. Hier entschied weitgehend das Glück. Gewissenhafte Fahrer, die im letzten Augenblick ihre Maschinen nicht auf's Spiel setzen wollten, waren natürlich benachteiligt. Unter den Max-Gespannfahrern befand sich übrigens auch der Motorjournalist Poensgen, der in dieser Saison ein Max-Gespann fahren wird (Startnummer 80).

nst 2/1956

Foto: Wörner

*BMW-R67-Gespanne von 1952–54 im Einsatz der Straßenwacht des ADAC.*

Auch nach dem Zweiten Weltkrieg erlebte das Motorrad in den Jahren des Wiederaufbaus einen Nachfrageboom, die Verkaufszahlen stiegen Anfang der fünfziger Jahre drastischer als dreißig Jahre zuvor. Wie bereits vor dem Krieg lag der Löwenanteil bei den 98-ccm-Leichtmotorrädern, aber auch stärkere Motorräder mit und ohne Seitenwagen fanden guten Absatz. Ein mittleres Gespann mit einer BMW R 25 oder Horex Regina war nun fast ebenso gut motorisiert wie die Seitenventil-Modelle der Halbliterklasse aus früheren Jahren. In dieser Kategorie hatte Steib mit dem LS 200 das ideale Angebot und stieg damit wieder zu alter Größe auf.
Mit überlegenen Fahrleistungen warteten indessen die neuen 600er-Gespanne auf, wie sie ab 1951 mit der Zündapp KS 601 und der BMW R 67 zur Verfügung standen. Sie ließen Mittelklasseautomobile mühelos hinter sich und kosteten dabei weniger. Der Steib TR 500 mit dem ehemaligen „Behördenboot" wurde nicht nur von Zündapp für das Komplettgespann angeboten, auch der „BMW Spezial"-Seitenwagen kam nun aus der Nürnberger Zerzabelshofstraße. Ohne jede Notiz in den BMW-Verkaufsunterlagen ersetzte er den bisherigen Royal 285, der ja ebenfalls auf der gemeinsamen Wehrmachtsentwicklung basiert hatte.
Mit Kali und Stolz kehrten zwei weiere traditionelle Seitenwagenproduzenten zurück, ebenso MS (Fritz Milson und Sohn). Wie zuvor versuchten wiederum zahlreiche Kleinbetriebe ihr Glück, beispielsweise Binder in Reichertshofen nahe Ingolstadt. Speziell für DKW-Motorräder gedacht, entstanden dort Seitenwagen, die in ihrer Formgebung deutlich an die DKW-Automobile angelehnt waren und deren Kühlergrill sie ebenso aufwiesen wie die Rippen auf dem Kofferraumdeckel.
In der ehemaligen Seitenwagenhochburg Leipzig, nun in der DDR gelegen, konnte nur Stoye den Seitenwagenbau in größerem Umfang weiterführen, um den in der zentralen Planwirtschaft vorgesehenen Bedarf zu erfüllen. Geeignete Gespannmotorräder standen in Form der Neukonstruktionen IFA BK 350 und AWO 250 bereit. Der Stoye-Schwingachsseitenwagen bekam die Zusatzbezeichnung „Elastic" und war am Riffelblechstreifen über der Karosserienase zu erkennen.
In der Bundesrepublik trat ab 1954 auf dem Kraftfahrzeugmarkt eine entscheidende Wende ein. Die beginnenden Wirtschaftswunderjahre nach der ersten harten Aufbauzeit waren von einem enormen Nachholbedürfnis gekennzeichnet, die Erhöhung des Lebensstandards hatte Priorität. Ein Motorrad galt plötzlich nicht mehr als das erste Zeichen erlangten Wohlstands; für den täglichen Weg zur Arbeit genügte ein Moped. Aber zur Ausfahrt mit der Familie kam keinesfalls mehr ein Gespann in Frage, vier Räder und ein festes Dach über dem Kopf sollten es schon sein. Argumente wie der mangelhafte Wetterschutz, Anfälligkeit für Pannen, übermäßige Geräusch- und Geruchsentwicklung sowie die Gefahren im Straßenverkehr wurden von allen Seiten hochgespielt. Sie waren überhaupt nicht neu, nur hatte man sie halt bisher in Kauf genommen. Das Image des Motorrads wandelte sich schlagartig zum Arme-Leute-Fahrzeug, es wurde einfach nicht mehr als gleichberechtigtes Verkehrsmittel akzeptiert.
Gegner des Motorrads hatte es zu allen Zeiten gegeben, aber nun sah die Automobilbranche erstmals eine echte Chance zur Gewinnung eines zusätzlichen Kundenpotentials. Billige Kleinwagen und Dreiradmobile waren auch in den zwanziger und dreißiger Jahren auf dem Markt, aber wenn sich der Käufer trotzdem für ein Motorrad mit Seitenwagen entschied, so wurde das nicht kritisiert, und es tat seinem persönlichen Ansehen keinen Abbruch. Auch jetzt waren die zahllosen neu entstandenen Kleinwagen nicht billiger als ein Mittelklassemotorrad, doch im Unterschied zu früher hatte sich nun das Image gewandelt. Den letzten Anstoß gab schließlich 1954 die Preissenkung beim VW-Käfer auf unter

4000 Mark, womit sein Preis erstmals unter dem der großen Gespanne lag. Da die Fahrleistungen nicht vergleichbar waren, zeigte das in dieser Klasse noch die geringsten Konsequenzen, es ging jedoch eine Signalwirkung davon aus. Die Preisdifferenz eines Automobils zum Motorrad schien beträchtlich geringer geworden zu sein, was zwar gar nicht zutraf, aber im Verein mit der Anti-Motorrad-Propaganda die Hinwendung zum Automobil verstärkte. Auch wenn man nur auf einen Messerschmitt-Kabinenroller oder ähnliche Vehikel sparte, man würde sich bald zum Kreis der Automobilbesitzer zählen dürfen . . .

Als eine Art Zwischenlösung wurde der Motorroller angesehen, der ja immerhin perfekten Schutz vor dem Straßenschmutz bot. Wie fast alle Motorradhersteller erhofften sich auch die Seitenwagenfirmen damit einen Ausgleich zum Rückgang des Motorradgeschäfts und stellten kleine Rollerseitenwagen vor. Leistungsstärkere Modelle wie der Heinkel-Tourist oder der Goggo-Roller eigneten sich durchaus für den Betrieb mit einem Seitenwagen, jedoch kam es nicht zur erwarteten großen Nachfrage. Royal und Kali gaben bald auf, lediglich Steib hielt noch einige Jahre ein Seitenwagenprogramm aufrecht. Die Zusammenarbeit mit BMW bei den Komplettgespannen setzte sich auch bei den Schwingenmodellen, die die Münchner 1955 vorstellten, weiter fort. Als „BMW-Standard“ wurde für die R 26 nun der Steib S 250 angeboten, für die Zweizylindermaschinen der TR 500 wie bisher. Doch Anfang der sechziger Jahre stand die Landmaschinenfertigung im Vordergrund, so daß sich auch die Firma Steib zur Einstellung des Seitenwagenbaus entschloß. Der Rückzug geschah jedoch stufenweise, indem man sich zuerst die Teilefertigung mit BMW teilte, die Montage aber bereits abgab. Die letzten bis 1966 ausgelieferten Seitenwagen entstanden schließlich in München aus vorrätigen Ersatzteilen.

Ohne Unterbrechung werden jedoch in der DDR bis heute Motorräder mit Seitenwagen hergestellt und auch in die Bundesrepublik geliefert. Der ehemalige Stoye-Elastic erfuhr 1961 eine umfangreiche Weiterentwicklung zum MZ-Superelastic-Modell mit hydraulischem Stoßdämpfer, einer Öldruckbremse am Seitenwagenrad und einer neuen Karosserie mit nach vorne aufklappbarer Nase zum bequemen Einstieg. Die MZ 250 mit ihrem drehmomentstarken Zweitakt-Einzylindermotor dient als Zugfahrzeug und wurde im Gegensatz zum Seitenwagen während ihrer 30jährigen Bauzeit doch einigemale überarbeitet. Auf dem Inlandsmarkt der DDR gibt es übrigens immer noch den traditionellen Transportseitenwagen mit einem großen Kasten auf dem Superelastik-Fahrgestell.

In den siebziger Jahren nahm in den wohlhabenden Industrieländern der westlichen Welt ein neuer Motorradboom seinen Anfang. Vom Arme-Leute-Fahrzeug war nicht mehr die Rede. Das mit ständig steigender Motorleistung aufwartende Zweirad galt jetzt als imagebildendes Sport- und Freizeitinstrument. An einen Seitenwagen dachte dabei allerdings kaum jemand, wenngleich in allen Rennsportkategorien immer noch mit Gespannen um Meisterschaftsehren gefahren wurde. Doch auch die Seitenwagen sollten wieder auf die Straße zurückkehren, wobei es nicht mehr um die vergrößerten Transportmöglichkeiten ging, sondern vielmehr um das besondere Fahrerlebnis mit dieser unsymmetrischen

*Das waren noch Zeiten, als Blätter wie „Rollerei und Mobil“ eine Mark kosteten (1955) und solche Beiträge veröffentlichten!*

*Links: Das Ehepaar Stärkle auf NSU, 1938.*

## Wenden mit dem Rollergespann

Die Brauchbarkeit eines Gespanns im Stadtbetrieb, also seine Überlegenheit gegenüber jedem anderen Verkehrsmittel, mit der man sich aus jedem Gewühl in Sekundenschnelle wieder herauswinden kann, ist seine Wendigkeit, das Drehenkönnen fast auf dem Punkt. Achtzöller sind da im Vorteil, die kleinen Räder lassen auch große Einschläge zu. Große Räder geraten leicht in Nachteil, der Einschlag ist schlecht unterzubringen. Was man aber mit einem Sechzehnzöller doch machen kann, zeigen unsere Bilder, geknipst auf einem sogar ziemlich steilen Waldweg.

Ganz links ansetzen, wo die Räder gerade noch greifen – große Bodenfreiheit macht sich da bezahlt.

Mit vollem Einschlag rum, an den Ästen auf dem Boden sieht man, wie wenig Weg dazu das Seitenrad macht.

Das Seitenrad ist noch keine 50 cm weiter, aber die Maschine steht bereits quer, und ist mit dem Vorderrad schon fast herum.

Ganz herum, sogar bergan, wobei das Vorderrad bei diesem Einschlag auch noch schlecht steuert, Reifenfrage, bei 16" aber kein Problem.

Fahrzeugart. Das Motorradgespann als ganz spezielles Hobbygerät durchlief in den letzten Jahren eine rasante technische Weiterentwicklung, wobei im Gegensatz zum übrigen Motorradmarkt von einem Abflauen des Interesses Ende der achtziger Jahre ganz und gar nicht die Rede sein kann.

Auf einem so individuellen Gebiet vermochte sich natürlich keine größere Seitenwagenfabrikation mehr zu etablieren, dafür gibt es aber heute in Deutschland mindestens genauso viele begeisterte Tüftler und Kleinbetriebe, die in dieser Branche tätig sind, wie vor sechzig Jahren.

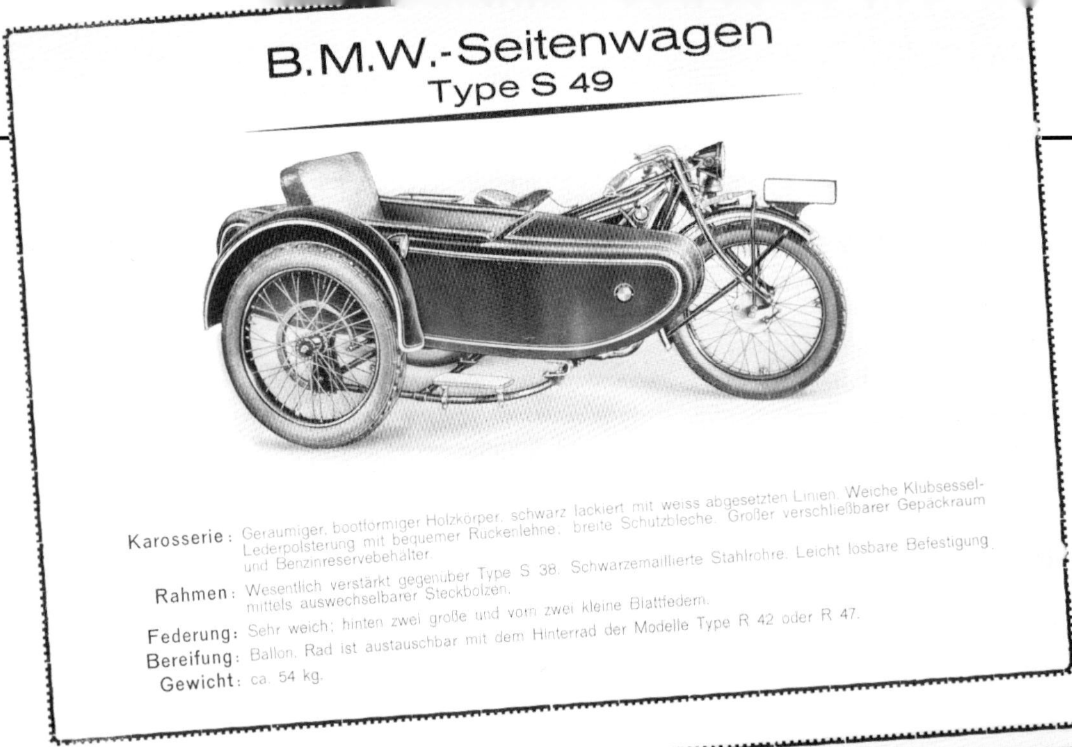


*Links: Eine 1926er BMW vom Typ R 47 mit Seitenwagen S 49. Man beachte das elegante Trittbrett. Der Text sprach von einem „Klubsessel"!*

*Rechts: BMW R 42 mit Boot. Bei Seitenwagenbetrieb erhielt man auf Wunsch eine Radantriebs-Übersetzung von 1 : 5,7 statt 1 : 3,8.*

*Rechts: Titelseite eines 1928er Prospektes der Firma Albert Philipp. Er war etwa im Format A4 und in vier Farben gedruckt – damals galt das als äußerst aufwendig.*

# Aps-Allwetterverdeck

1928

*Die ABP-Auswahl war ungewöhnlich groß. Der Katalog zeigt elf verschiedene Modelle und eine Menge zusätzlicher Wetterschutz-Variationen. Man beachte den zweisitzigen Seitenwagen unten links! Alle Modelle waren auch für Linksanschluß zu haben.*

Allwetterverdeck vollständig geschlossen

**Das Aps-Allwetterverdeck** für Seitenwagen bedeutet in seiner Art eine vollkommene Neuerung am Motorradseitenwagen. Seine Vorzüge sind ohne weiteres erkennbar und die Bequemlichkeiten, die es in seinen vielen Variationen bietet, stehen in keinen Verhältnis zu dem niedrigen Anschaffungspreis. Der wesentlichste Vorteil des Allwetterverdecks ist der, daß durch Seitenteile und Flügel (Fig. 3) jeglicher Seitenwind wegfällt und gleichzeitig das Geräusch des Motors und des Auspuff's für die im Seitenwagen sitzende Person stark gedämpft wird. Ferner ist das Allwetterverdeck ohne Anwendung von Scheeren und Spriegeln gebaut und verhütet dadurch jegliches Klappern, was bis jetzt eine unangenehme Begleiterscheinung der Verdecks war.

Zusammengelegt wird das Allwetterverdeck in einer staubsicheren Hülle verpackt hinter der Rücklehne auf den Wagen geschnallt. Es nimmt also weniger Platz in Anspruch als die alte aufklappbare Konstruktion und beeinträchtigt keineswegs die elegante Linie der Aps-Karosserie, im Gegenteil die hintere Partie der Karosserie erhält einen formvollendeteren Abschluß.

**Typ I: „Aps-Luxuszweisitzer"**
mit starkem Untergestell für schwere Maschinen

**Typ V: „Renn-Aps"**
(Standard-Ausführung) mit Aluminiumkarosserie gehämmert oder glatt, mit vernickeltem Rennbügel, vernickeltem Haltebügel, Bodenteppich und Fußrolle. Untergestell mit auswechselbarem Laufrad (Steckachse.)

*Viel Gepäck brachte man im APS Reisewagen unter, der auch einen eigenen Ständer (zum Radwechseln) hatte. Besonders schnittig: der Lieferwagen für Schnelltransporte (unten).*

Typ VI: „Aps-Reisewagen"

für mittlere und schwere Maschinen. Untergestell mit auswechselbarem Laufrad. (Steckachse) herunterklappbarer Seitenwagenständer, zum bequemen Ein- und Ausbau des Seitenwagenrades. Kann auch ohne jegliches Zubehör mit normalen Untergestell (wie Abbildung Typ III) geliefert werden. Typ VI ist in Form und Länge wie Typ III, dagegen 5 cm breiter, ausgeschlagene Türe, auf der gegenüberliegenden Seite befindet sich eine geräumige Kartentasche, Rücklehne in Klubsesselpolsterung.

Typ VII: „Aps-Lieferwagen für Schnelltransporte"

Zeitungen, Bäcker, Delikateßwaren usw. Der aufklappbare Deckel ist mit Autoduck bespannt. rgestell wie Typ VI (oder mit Untergestell mit auswechselbarem Laufrad) kann dadurch auswechselbar mit jeder Personenkarosserie außer Typ I. geliefert werden.

Typ VI: „Aps-Reisewagen"

für mittlere und schwere Maschinen mit Allwetterverdeck (offen) elektr. Beleuchtung, Gepäckhalter mit Reserveradbefestigung, Kurbel und Sicherungsschloß. Reserverad und Koffer. Haltebügel am Untergestell. Weitere Beschreibung siehe oben.

*Rechts: Der Reisewagen – selbstverständlich mit Tür! – und Allwetterverdeck sowie achtern aufgesetztem Reserverad. Das ganze kostete 1928 um die 570 Mark.*

1928

# Aps-Seitenwagen

## Preisliste

*Gültig vom 1. Januar 1928.*

### GRUNDPREISE

**in Ia Kunstlederpolsterung und Autolackierung**

Typ I **„Aps-Luxus Zweisitzer"**, mit starkem Untergestell für schwere Maschinen . ~~545.—~~
. . . . . . . . . . . 420.—
Typ II **„Aps-Sport"** (Tropfenform) . . . . . . . . . . . . . . . . . . 415.—
Typ III **„Aps-Leicht"** . . . . . . . . . . . . . . . . . . . . . . . . 445.—
Typ IV **„Aps-Supersport"** (mit Aluminiumkarosserie, gehämmert oder glatt) . . . .
Typ V **„Renn-Aps" (Standard-Ausführung)** in Aluminium gehämmert oder glatt mit vernickeltem Renn- und Haltebügel, Bodenteppich und Fußrolle, Untergestell mit Steckachse (auswechselbares Laufrad) . . . . . . 580.—
. . . . . . . . . . . 450.—
Typ VI **„Aps-Reisewagen"** für mittlere und schwere Maschinen . . . . . . . . . 420.—
Typ VII **„Aps-Lieferwagen"** für Schnelltransporte . . . . . . . . . . . 460.—
Typ VIII **„Aps-Kastenlieferwagen"** . . . . . . . . . . . . . . . . . 395.—
Typ IX **„Aps-Pritschen-Lieferwagen"** . . . . . . . . . . . . . . . .

Untergestell mit auswechselbarem Laufrad und Steckachse
Mehrpreis RM. 60.—, mit geringen Zuschlägen je nach Fabrikat
des Motorrades.

Extra starkes Untergestell für Maschinen
über 750 ccm **Typ II** bis **VII** Mehrpreis MR. 25.—

Preise für Lieferwagen in jeder gewünschten Form und Größe auf besondere Anfrage.

**Aps-Fahrzeugfabrik Albert Philipp**
**Dresden-Stetzsch**

Telegr.: Apsfahrzeug Dresden — Fernsprecher 19497

### ZUBEHÖRPREISE

| | |
|---|---|
| **Allwetter-Verdeck**, compl. | 116.— |
| Einzelteile f. Allwetter-Verdeck: **Windschutzscheibe mit Seitenflügeln** | 57.50 |
| Einzelteile f. Allwetter-Verdeck: **Seitenteile** | 23.50 |
| Einzelteile f. Allwetter-Verdeck: **Verdeck** (Dach, Rückwand und Stahlspriegel) mit Hülle | 35.— |
| **Windschutzscheibe (Cell.)** ohne Metallrahmen, abnehmbar, für Typ III und VI | 17.— |
| **Windschutzscheibe (Cell.)** ohne Metallrahmen, abnehmbar für Typ II | 11.50 |
| **Windschutzscheibe (Cell.)** mit Metallrahmen, abnehmbar für Typ I | 34.— |
| **Bodenteppich, starke Kokosmatte** | 7.50 |
| **Gepäckhalter**, schwaz emailliert für Typ II, III und VI | 22.— |
| **Gepäckhalter** mit Reserveradbefestigung incl. Bolzen, mit Kurbel und Sicherungsschloß für Typ III und VI | 34.— |
| **Fiberkoffer 55×35×15 cm** mit Staubhülle aus schwarzem Autoduck und Riemen | 34.— |
| **Rennbügel**, vernickelt für Typ II, IV und V | 26.— |
| **Rennbügel**, schwarz emailliert für Typ II, IV und V | 22.— |
| **Haltestange** für Typ III und VI vernickelt | 17.— |
| **Haltebügel** für Untergestell mit auswechselbarem Laufrad mit Klemmhaltern vernickelt | 17.— |
| **Beleuchtung** (elektrisch ohne Batterie) | 24.50 |
| **Staubdecke** aus Segeltuch | 13.50 |
| **Seitenwagenbremse** mit 8 Zoll Bremmstrommel mit Gestänge | 70.— |
| **Fußrolle** | 7.50 |
| **Rindlederpolsterung** für Typ I | 68.— |
| **Rindlederpolsterung** für Typ II bis V | 44.— |
| **Rindlederpolsterung** für Typ VI | 55.— |
| **Seitenwagen-Uhr**, 8 Tagewerk | 29.— |
| **Bereifung** | Tagespreis |
| **Dachgitteraufbau** für Lieferwagen Typ VII und VIII | 34.— |
| **Verpackung** (wird nicht zurückgenommen) | 12.— |

Preise ab Werk, freibleibend, auf Grund meiner beigegebenen Lieferungsbedingungen nu[r] für das Inland. Alle bisher genannten Preise verlieren hiermit ihre Gültigkeit.

*Es gab separate Preislisten wie die hier abgebildete zum APS-Prospekt, oft aber waren die Preisangaben im Katalog oder Prospekt selbst enthalten. Bei der Bereifung legte man sich schon wegen der vielen Größen ungern fest: hier hieß es „Tagespreis".*

## 1928

*Der Wiener Hersteller Loyda war mutig genug, seine Erzeugnisse in der Werbung mit denen illustrer Automobilhersteller zu vergleichen . . .*

*Rechts: Zwei Inserate aus dem Jahre 1928, erschienen in der österreichischen Motorradpresse. Einheimische Erzeugnisse konkurrierten mit importierten.*

**Die Pflege des Rades** ist die denkbar einfachste. Die großen glatten Flächen des Motors lassen sich bequem reinigen. Die Schmierung der Innenteile des Motors und Getriebes erfolgt automatisch und bedarf außer der Sorge um rechtzeitige Zuführung von Frischöl keiner besonderen Wartung. Sämtliche Lagerstellen sind mit Hochdrucknippeln versehen, deren Abschmierung mittels der zu jedem Rade mitgelieferten Fettpresse sauber und schnell ausgeführt werden kann. Ein der illustrierten Betriebsanweisung beigefügtes Schema erinnert den Fahrer an sämtliche Schmierstellen. Beim Aufbau des Rades wurde vor allem bedacht, daß auch der Laie etwa auftretende Störungen selbst beheben kann. Alle Teile des Rades sind leicht zugänglich und bequem auszuwechseln. Der Werkzeugkasten enthält gediegenes, äußerst zweckmäßiges Werkzeug.

Das D-Rad hat in den letzten Jahren als Seitenwagen-Maschine seine unbedingte Zuverlässigkeit und vielfache Brauchbarkeit bewiesen.

Dies Rad bietet sowohl dem Anfänger wie dem verwöhntesten Fahrer alles, was bei stärkster Beanspruchung — es erzielt eine Geschwindigkeit von 100 km/Std. — mit oder ohne Seitenwagen verlangt werden kann.

W. Büxenstein, Berlin

*Prospekt für das in Berlin hergestellte D-Rad (Deutsche Industrie-Werke AG) Modell R 9. Der Seitenwagenaufbau war aus Aluminium.*

*Werbeblatt für Zündapp-Händler von 1930. Die S 300 konnte man mit diesem Beiwagen bestücken, er kam von der Firma Robert Krause in Dessau. Die Händlerspanne betrug 20 Prozent.*

ZÜNDAPP G M B H NÜRNBERG

**BERLIN W 57,** BÜLOWSTR. 27
Draht: Zündapp Berlin / Tel.: Nollendorf 3555
**KÖLN,** KAISER WILH.-RING 20
Draht: Zündapp Köln / Tel. Nr. 21 4754/55

Fernsprecher: 69141—69146 + Drahtanschrift: Zündapp Nürnberg
Überweisungskonten: Postscheck Nürnberg 7726 + Reichsbank Nürnberg
Bayerische Vereinsbank Nürnberg
Bahnstation: Nürnberg-Schweinau, Anschlußgleis

**HAMBURG,** CHILEHAUS
Draht: Zündapp Hamburg / Tel.: Amt Bismarck 0135
**MÜNCHEN,** SONNENSTR. 15
Draht: Zündapp München / Tel.: München 53719

**Rundschreiben Nr. 219.**

**Nürnberg,** 17. Mai 1930.

Betrifft:
**Seitenwagen für Zündapp-Modelle S 300.**

Den Wünschen zahlreicher Zündapp-Freunde nachgebend, haben wir uns entschlossen, das

**Zündapp-Motorrad S 300**

von vornherein so zu konstruieren, daß es mit einem leichten Seitenwagen gefahren werden kann. Rahmen, Vordergabel, Getriebe und Steuerungsdämpfer wurden gegenüber dem Modell Z 300 entsprechend verstärkt; auch ist der Rahmen gleichzeitig mit den Anschlußösen versehen worden, sodaß die Montage des Seitenwagens ohne Schwierigkeiten vorgenommen werden kann.

Wenn auch die Leistung unseres 300 ccm Motors eine entsprechende Erhöhung erfahren hat und dieser genügend Kraftreserven besitzt, so ist es doch zweckmäßig, **keinen** zu **schweren** Seitenwagen zu verwenden. Um die Gewähr für eine einheitliche, der Konstruktion unseres Modelles S 300 angepaßten Ausführung zu haben, haben wir mit der Firma

**Anhaltische Fahrzeugfabrik, Robert Krause**
Inh. Ing. Franz Suchy, **Dessau**/Anhalt, Wasserstadt 11

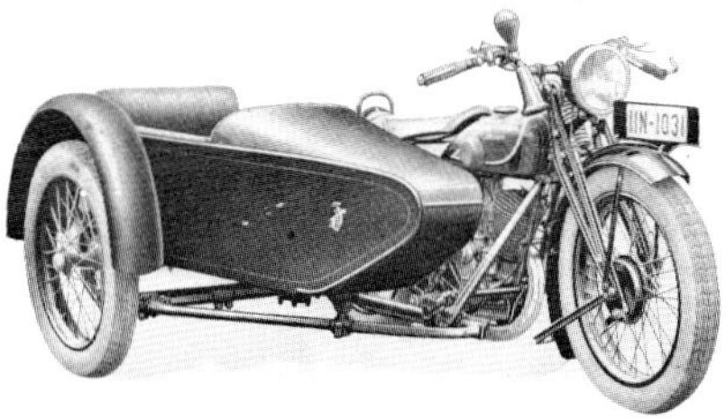

ein Abkommen wegen Anfertigung und Lieferung eines Spezialseitenwagens für Zündapp-Motorräder getroffen. Diese Firma wird unter dem Namen

**Dessauer Seitenwagen für Zündapp-Motorräder**

einen Zündapp-Spezial-Seitenwagen gemäß vorstehender Abbildung in den Handel bringen und unmittelbar an unsere Herren Vertreter auf Bestellung hin liefern.

Der **Verbraucher**preis für diesen Seitenwagen beträgt

**RM 320.—** ab Werk Dessau, **ausschließlich** Verpackung

ohne Windschutzscheibe und sonstiges Zubehör und **ohne Bereifung**. Hierauf erhalten Sie von der vorgenannten Firma

**20% (zwanzig Prozent) Rabatt**

sodaß sich der **Netto**preis für den Seitenwagen für Sie auf **RM 256.—** ab Werk Dessau, ausschließlich Verpackung und Zubehör und ohne Bereifung stellt.

Wir bitten Sie, die von Ihnen benötigten Seitenwagen unmittelbar bei der Anhaltischen Fahrzeugfabrik zu bestellen, sich aber dabei auf unser vorliegendes Rundschreiben zu berufen, damit die ordnungsgemäße Ausführung Ihrer Bestellung im Sinne der vorstehenden Ausführungen gewährleistet ist. Die Verrechnung des Seitenwagens hat ebenfalls zwischen Ihnen und der vorgenannten Firma unmittelbar zu erfolgen.

Die **Lieferzeit** beträgt zunächst noch 1—2 Wochen. Der Seitenwagen wird aber bereits von der Anhaltischen Fahrzeugfabrik **serienmäßig** hergestellt, sodaß die Lieferung später Zug um Zug erfolgen kann.

Wir zeigen Ihnen den Seitenwagen noch in anderer Stellung gemäß vorstehender Abbildung und bemerken, daß links und rechts des Buges die Zündapp-Schutzmarke angebracht ist. Die Lackierung erfolgt in der gleichen Farbe wie das Motorrad, also sowohl beige als auch schwarz, mit entsprechenden farbigen Linien.

## Modelle 1930

# Kali-Beiwagen

Kali-Beiwagen-Ges., Oberursel bei Frankfurt a. M.
Telefon: Amt Oberursel (Taunus) Nr. 125
Adresse für Telegramme: Kali-Oberursel

*Rechts: Nach dem „Dessauer Seitenwagen" traten Zündapp-Motorräder vorzugsweise mit Stoye-Booten in Erscheinung. Ein Prospekt vom Herbst 1931.*

*Links und unten: Kali-Beiwagen aus Oberursel waren schon in den dreißiger Jahren recht populär. Und sie galten als preiswert: Ein Seitenwagen für eine 350er Maschine erhielt man inklusive Bereifung für 350 Mark. Polsterung in Echt- statt Kunstleder wurde mit 12 Mark berechnet.*

Nachstehende Preise verstehen sich ab Werk Oberursel (Ts.) mit Bereifung und Anschlußteilen, excl. Anschließen an das Motorrad, ohne Verpackung, auf Grund unserer allgem. Lieferungsbedingungen

Mindest-Verkaufspreise

„Kali-Leicht" Modell 1930 K 14, für Maschinen bis 350 ccm

Fahrgestell hartgelötet und besonders leicht, Karosserie aus leichtem Spezialblech, in ff. Autolackierung mit entspr. Abzierung zum Motorrad passend, mit Ia. Kunstlederpolsterung und C-Federung, ohne Renngriff. Gewicht ca. 35 kg.

incl. Bereifung RM. 350.–

„Kali-Sport" Modell 1930 K 15, für Maschinen bis 500 ccm

Rahmen hartgelötet, mit C-Federung, Karosserie wie Leichtwagen, m. Renngriff. Gew. ca. 40 kg.

incl. Bereifung RM. 375.–

„Kali-Touren" Modell 1930 K 16, für Maschinen über 500 ccm

Fahrgestell hartgelötet, mit C-Federung. Karosserie aus Spezialblech, sehr geräumig, entspr. der Maschine lackiert und abgesetzt. Polsterung Ia. Kunstleder und durch Federeinsatz extra weich. Gewicht ca. 55 kg.

incl. Bereifung RM. 395.–

Dadurch, daß unsere Wagen so tief liegen, gewährleisten sie ein sicheres Fahren und ist das Einsteigen und Sitzen sehr bequem.

Mindest-Verkaufspreise

„Kali-Zweisitz" Modell 1930 K 17

Fahrgestell extra schwer, hartgelötet. Karosserie aus Spezialblech, mit Ia. Kunstlederpolsterung, sehr weich, im Rückteil ein Kindersitz. Sie ist sehr breit und geräumig gehalten und hat zum bequemen Einsteigen seitlich eine Türe. Lackierung mit entsprechender Abzierung- passend zum Motorrad. Gewicht ca. 65 kg.

incl. Bereifung RM. 475.–

DAS ZÜNDAPP-GESPANN
MIT STOYE-BEIWAGEN
IIN-11465
ZÜNDAPP G.m.b.H. NÜRNBERG
BERLIN KÖLN MÜNCHEN

## Das Zündapp-Gespann

Fahreigenschaften, Zuverlässigkeit und Bequemlichkeit des Zündapp-Gespanns mit Zündapp-Stoye-Seitenwagen sind unerreicht und mit normalen Seitenwagen-Fahrzeugen nicht zu vergleichen. Kein anderer Beiwagen federt so weich und gleichmäßig, keiner fährt sich so gut. Keiner läßt sich so leicht an- und abmontieren. Das Zündapp-Gespann vereinigt die Vorzüge des schnellen Sportgefährts mit dem bequemen Gebrauchsfahrzeug. Es ist leistungsfähiger als viele Wagen, in der Unterhaltung aber wesentlich billiger. Gegenüber einem Kleinwagen bietet es den Vorteil größerer Leistungsfähigkeit, geringerer Unterhaltungskosten und leichterer Unterbringungsmöglichkeit. Einer Solomaschine hat das Gespann die größere Sicherheit voraus, die es auf schlechten und schlüpfrigen Straßen bietet, und die erhöhte Bequemlichkeit bei der Mitnahme einer zweiten Person mit ausreichendem Gepäck.

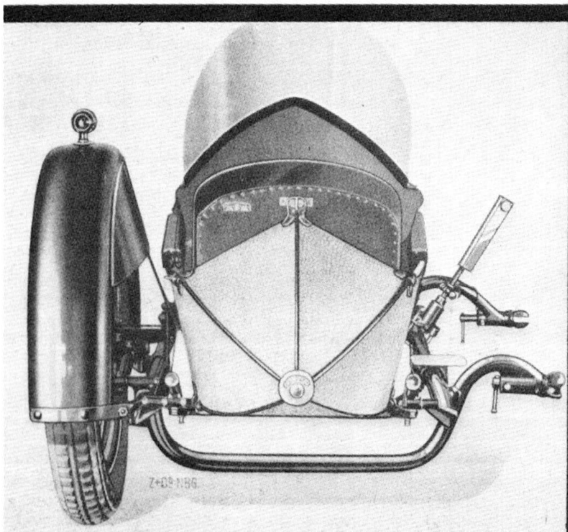

## Der Zündapp-Stoye-Seitenwagen

**Fahrgestell** mit Schwingachse, unverändert passend für unsere Modelle S 500. Das Seitenwagenrad wird auf Wunsch mit Steckachse geliefert und ist dann gegen die Räder der Maschine austauschbar. Bereifung auf Wunsch 27×4″ oder 26×3¼″.

**Karosse** Ganzmetall, aus gehämmertem Aluminiumblech ohne jegliches Gerippe nach patentiertem Verfahren gefalzt, schnittige Torpedoform in geräumiger Tourenausführung, sehr bequemer, verstellbarer Klappsitz, herausnehmbare hohe Rückenlehne, Polsterung aus Ia Ledertuch, gummigepolsterte Armlehnen. Hinter dem Rückenpolster befindet sich ein ausreichend großer Gepäckraum.

**Federung.** Die Karosse ist durch eine Gelenkwelle mit dem Schwingachsrahmen verbunden und wird durch zwei ihren Neigungswinkel verändernde gekapselte Schraubenfedern wiegenartig abgefedert. Die Federwirkung bleibt bei leichtester wie bei schwerster Belastung stets gleich. Seitliche Schwingungen sind unmöglich, sodaß das Gefährte nie ins Schleudern kommen kann.

**Anschluß.** Unsere 500er Modelle werden serienmäßig mit linksseitigem Beiwagen-Anschlußteilen geliefert. Der Zündapp-Stoye-Seitenwagen besitzt Dreipunkt-Aufhängung mit Patent-Schnell-Anschlüssen und verstellbarer Mittel-Strebe.

**Deutsche Patente und Gebrauchsmuster des Zündapp-Stoye-Seitenwagens**
**DRP 501365 — DRP 5111173 — DRGM 962191 — DRGM 986958 — DRGM 986959**

*Zündapp/Stoye warb 1931 mit diesem kleinen Prospekt, der auch eine Montageanleitung enthielt. Und Preise – siehe rechte Seite.*

*Rechts: Zündapp warb für die linksseitige Montage eines Beiwagen mit sechs überzeugenden Argumenten. Die Diskussion wurde noch lange Jahre weitergeführt.*

## Preise:

**Zündapp-Stoye-Seitenwagen** für unsere Modelle S 500 — Fahrgestell mit Schwingachse und Patent-Schnellanschlüssen — einschließlich Montageteile — Karosse aus gehämmertem Aluminiumblech in Torpedoform — geräumige Tourenausführung — bequemer, verstellbarer Klappsitz — herausnehmbare hohe Rückenlehne — Polsterung aus la. Ledertuch, schwarz oder farbig — Gummigepolsterte Armlehnen — großer Gepäckraum RM **395.—**

mit Steckachse zum Auswechseln des Seitenwagenrades gegen die Räder der Maschine . . . RM **425.—**

Bereifung z. jeweiligen Tagespreis auf Wunsch.

**Zubehör.**

| | |
|---|---|
| Windschutzscheibe in Sportform . | RM **8.50** |
| Staubdecke aus Gummistoff . . . | „ **8.50** |
| Fußteppich . . . . . . . | „ **5.—** |
| El. Seitenwagenlampe in Torpedoform | „ **9.50** |
| El. Seitenwagenlampe in Trommelform | „ **4 50** |
| Rennbügel, verchromt . . . . | „ **19.—** |
| Gepäckträger, emailliert . . . . | „ **17.—** |
| Gepäckträger, verchromt . . . . | „ **24.—** |
| Halter für Reserverad . . . . | „ **15.—** |
| Allwetter-Verdeck . . . . . | „ **39.—** |

**Sämtliche Preise sind Barpreise ab Werk Nürnberg**

**Durch vorstehende Preise werden die Notierungen in unserer Preisliste Nr. 47 vom 2. 1. 31 über Seitenwagen und Zubehör ungültig.**

VERTRETER:

# Vorteile des Linksbeiwagens

1. Bequemes Anwerfen des Motors durch den rechts außen liegenden Kickstarter und gute Zugänglichkeit zu den wichtigsten Teilen des Motorrades, wie Vergaser, Kipphebel, Stoßstangen, Magnetantrieb, Getriebe, Gangschaltung, Oelpumpe, Oeltank usw.

2. Verringerung der Spurweite durch außenliegenden Kickstarter, dadurch bessere Fahreigenschaften und schnittigeres Aussehen des Fahrzeugs.

3. Alle Seitenwagen ziehen auf gewölbter Straße nach der Beiwagenseite. Um mühelos geradeaus fahren zu können, stellt der Fahrer die mittlere Beiwagenstrebe erfahrungsgemäß so weit heraus, daß ihm dies beim Ueberholen nur zu leicht zum Verhängnis wird, da der Seitenwagen beim Versuch, wieder auf die rechte Straßenseite zu kommen, nur zu leicht in die Höhe steigt und das ergibt stets kritische Momente. Für schnelle Maschinen, die oft überholen, ist also ein Linksbeiwagen immer vorteilhafter.

4. Im Großstadt-Verkehr und bei Nachtfahrten erfordert ein Rechtsbeiwagen beim Ueberholen von langsamen Fahrzeugen (Radfahrern, Pferdefuhrwerken, Handwagen usw.) und Fußgängern etc., immer mehr Aufmerksamkeit, als ein Linksbeiwagen, bei dem sich der Fahrer auf der Seite des zu überholenden Fahrzeugs befindet.

5. Bei entgegenkommenden, nicht abblendenden Fahrzeugen besteht die Gefahr, mit dem Rechts-Beiwagen irgendein Hindernis zu rammen, in viel größerem Maße, als beim Linksbeiwagen, da der Fahrer die Entfernung besser abschätzen kann, wenn er sich am Straßenrand befindet.

6. Bei der in Deutschland bestehenden Rechtsfahrordnung muß ein Rechtsbeiwagen in den Kurven immer stark abgestoppt werden, in der Rechtskurve, damit der Beiwagen nicht hoch steigt, und in der Linkskurve wegen des verbotenen Schneidens der Kurve. Mit Links-Beiwagen kann die Rechtskurve immer in hohem Tempo genommen werden. Nur die Linkskurve erfordert etwas Aufmerksamkeit.

**Der formenschöne D-Tourenseitenwagen** paßt sich harmonisch der eleganten Linienführung des D-Rades an. Die kräftige Stahlblechkarosserie ist sehr geräumig und bequem gehalten. Reichliche Polsterung und die weiche Abfederung durch 2 extra lange Halbelliptikfedern sichern äußerst ruhiges, stoßfreies Fahren. Hinter der Rückenlehne befindet sich ein Gepäckraum für kleineres Gepäck, während größere Gepäckstücke ein kräftiger Gepäckträger sicher aufnehmen kann.
Das **Fahrgestell** besteht aus besonders kräftigen, nahtlos gezogenen Spezialstahlrohren. Auf Wunsch wird der Seitenwagen ebenfalls mit Steckachse ausgerüstet, so daß dann alle 3 Räder des Gespannes untereinander auswechselbar sind.

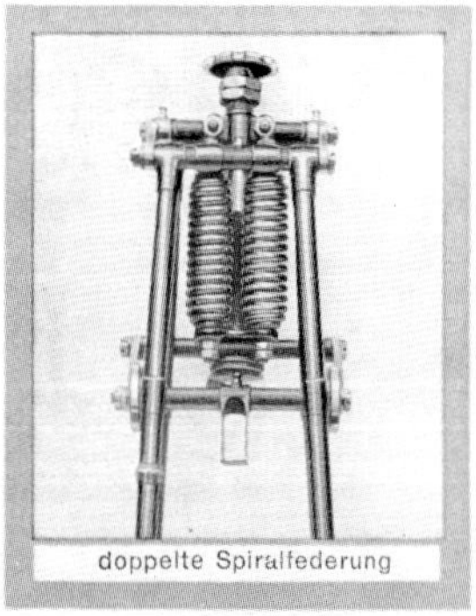

doppelte Spiralfederung

Tachometer im Scheinwerfer

*Prospekt für das D-Rad-Gespann auf Basis des Modells R 11. Die 500-ccm-Viertakt-Maschine mit 16 PS Leistung verkraftete einen großen Beiwagen problemlos.*

## Aufstellung sämtlicher Ardie-Modelle Baujahr 1933

(Die neuen Bezeichnungen wurden gewählt, um deutliche Unterscheidungsmerkmale zwischen den einzelnen Typen zu besitzen).

| | |
|---|---|
| **RBU 503 „NORIS"** Rohr-Block-Untengesteuert 500 ccm 1933 105 km | **MK 1125.-** |
| **RBU 603 „NORIS"** Rohr-Block-Untengesteuert 600 ccm 1933 115 km | **MK 1215.-** |
| **RBK 503 „MERAN"** Rohr-Block-Kopfgesteuert 500 ccm 1933 125 km | **MK 1200.-** |
| **DBK 503 „BERLIN"** Duralumin-Block-Kopfgest. 500 ccm 1933 125 km | **MK 1250.-** |
| **RBZ 203** Rohr-Block-Zweitakt 200 ccm 1933 Dynostart . . | **MK 825.-** |
| **PRINZ-LUXUS** 175 ccm mit Bosch-Dynamo-Licht verchromt . . | **MK 550.-** |
| **PRINZ** 175 ccm mit Noris-Licht vernickelt . . . . . . . . | **MK 495.-** |
| **SEITENWAGEN „LIDO"** TOURENMODELL bereift . . . . . . . . . . . . . | **MK 375.-** |
| **SEITENWAGEN „GRÜNAU"** SPORTMODELL bereift . . . . . . . . . . . . . | **MK 230.-** |

16

*Die große, moderne Ardie war relativ teuer und mit dem Tourenseitenwagen ,,Lido'' ein luxuriöses Gespann. Die Sensation der IAMA Berlin 1933!*

## TYPE RS

**Ein Tourenwagen**
mit bequemer Einsteigklappe

Auf Wunsch kann die Karosse auch mit Sattelausschnitt wie Type Bugatti geliefert werden.

Farbe nach Wunsch, Lampe, Reifen, vierfachen Anschlüssen (zu jeder gewünschten Maschine passend), verschließb. Gepäckraum u. Radscheibe

RM **290.-**

Aufpreis für Windschutz RM **8.50**
„ „ Abdecktuch RM **8.50**

Bei Sattelausschnitt
ohne Einsteigklappe

Grundpreis RM **280.-**

Allwetterverdeck
für Type Bugatti, RS u. R RM **35.–**

Schwingachse Aufpreis RM **30.–**

## TYPE R

**Ein Sportseitenwagen**
besond. für leichte Maschinen geeignet

Farbe nach Wunsch, Lampe, Reifen, vierfachen Anschlüssen (zu jeder gewünschten Maschine passend), verschließb. Gepäckraum u. Radscheibe

RM **195.-**

Aufpreis für Windschutz RM **8.50**
„ „ Abdecktuch RM **8.50**

Roland

**DER IDEALE SEITENWAGEN**

D · R · G · M

# ROLAND

D·R·G·M

## der ideale Seitenwagen

Hier stellt sich Ihnen das Fabrikat eines Werkes vor, dessen Grundprinzip lautet: **Qualitätsarbeit bis ins kleinste Teilchen, Fahr-Eigenschaften u. Formen-Schönheit zu vereinen und trotzdem im Preis so niedrig wie nur möglich zu sein!!** Der ROLAND-Seitenwagen ist nach den neuesten technischen Errungenschaften im Fahrzeugbau konstruiert und ist **der ideale Seitenwagen für Touren u. Sport.**

### TECHNISCHES

**DAS CHASSIS** ist als ein geschlossener Rohrbogen aus einem Stück bestem Stahlrohr hergestellt, daher vollkommen bruchsicher. Die Konstruktion des Chassis erlaubt es, die formschönen Karossen äußerst tief zu legen, wodurch erhöhte Fahrsicherheit erreicht wird. Alle Bogen sind kalt gezogen.

**DIE KAROSSE** verdient besonders hervorgehoben zu werden, da sie nicht wie die üblichen Seitenwagen aus Blech hergestellt ist, sondern aus einem Holzspantenboot besteht, das mit touchiertem Aluminiumblech und Kunstleder (das wir zu jeder gewünschten Maschine passend liefern) überzogen ist. Alle Bogenleisten des Sperrholzbootes bestehen der Festigkeit wegen aus drei aufeinander verleimten Leisten. Durch diese Bauweise erhalten wir eine direkt verblüffend schöne Karosse, die sich aus Blech niemals so formvollendet herstellen läßt. Außerdem ist die Karosse äußerst leicht und wetterfest.

**DIE POLSTERUNG** ist besonders bequem angeordnet und wirkt deshalb auch bei langen Fahrten nicht ermüdend. Die Rückenlehne ist gleichzeitig verschließbar für den Gepäckraum eingerichtet.

**DIE FEDERUNG** ist eine für jedes Gewicht einstellbare Stoßdämpferfederung, die das Fahren in einem Roland-Seitenwagen zu einem wahren Genuß macht.

**DEM ANSCHLUSS** an das Motorrad widmen wir besondere Sorgfalt. Fehlen am Motorrad Anschlußaugen für die Befestigung des Seitenwagens, dann liefern wir stabile Schellen.

## TYPE BUGATTI

**Ein Sport-Seitenwagen für den verwöhntesten Fahrer**

Farbe nach Wunsch, mit Lampe, Reifen, vierfachen Anschlüssen (zu jeder gewünschten Maschine passend), verschließbarem Gepäckraum und Radscheibe

**RM 265.-**

Aufpreis für Windschutz RM **7.50**

" " Abdecktuch RM **8.50**

Roland

Kühler-Atrappe für Type BUGATTI
Aufpreis RM **15.–**

ROLAND - Bugattischwanz

Roland

*Mit teils recht eigenwilligen Formen trat der Seitenwagen-Hersteller Roland an. Der nachempfundene Bugatti-Kühler und Kunstleder-Überzüge gaben den Booten einen eigenwilligen Charakter.*

Royal

**Der Inbegriff hochwertiger Seitenwagen**

## Seitenwagen-Fahren
### bringt Freude und Vorteile

Ob beim Geländesport mit seinen hohen Ansprüchen oder auf Reisen, die man bequem durchführen möchte, oder im täglichen Gebrauch bei jeder Witterung - immer ist der Besitzer einer kraftvollen Maschine mit Seitenwagen im Vorteil und hat die Freude, sein Motorrad jederzeit bestens ausnützen zu können. So wie die wirklich hochwertigen, neuzeitlichen Maschinen allen Anforderungen gewachsen sind und ihren Dienst auf jeder Strecke und bei jedem Wetter zuverlässig und dauerhaft versehen, so ist auch der moderne Seitenwagen, in dem jahrelange Bauerfahrung steckt, zweckmäßig und unverwüstlich. Die Royal-Seitenwagen genießen seit jeher den Ruf besonderer Hochwertigkeit und beweisen auch ihre Qualitäten sowohl im täglichen Betrieb wie bei Rennen und Zuverlässigkeitsfahrten - ja sogar durch Weltrekorde (Hennes Rekorde auf BMW mit Royal-Seitenwagen). Für jeden Geschmack und Zweck hat Royal die geeignete Karosserie gebaut und dafür gesorgt, daß die Fahreigenschaften sowohl für den Beiwagengast wie für den Motorradfahrer gleich ideal sind. Von der bequemen „Stromlinienlimousine" bis zum „Rennsport", vom „Royal-leicht" bis zum „Zweisitzer-Reisewagen" werden Royal-Seitenwagen hergestellt, die an jede Maschine angeschlossen werden können:

1. Stellt die Royal-„Stromlinienlimousine" dar, ein sehr schnittiges und dabei bequemes Fahrzeug, in neuzeitlichster Form.
2. „Royal-leicht" (Typ V 3) ist besonders für den Anschluß an Maschinen bis zu 400 ccm gebaut, also leicht und wendig.
3. Der „Sportwagen" (Typ SM) besitzt große Bodenfreiheit (30 cm) ist also für schlechte Wegeverhältnisse zu empfehlen.
4. Der „Rennsport"-Seitenwagen (Typ RS) ist seinem Zweck entsprechend etwas gedrängter und niedriger gebaut als der Sportseitenwagen.
5. Ein Spezialseitenwagen für besonders hohe sportliche Ansprüche ist der „Tropfenform" (Typ RSSP), seine Karosserie von 2,20 m Länge ist nach aerodynamischen Grundsätzen konstruiert.
6. Ein sehr beliebtes Royal-Modell ist der „Bugatti"-Sportseitenwagen (Typ RSB), der in ähnlicher Form, wie
7. zeigt, als Typ RZB herausgebracht wird.
8. Der „Reisewagen" (Typ R II N) ist sehr bequem und mit allem ausgerüstet, was selbst lange Fahrten angenehm gestaltet.
9. Eine besonders bequeme Karosserie hat der „Reiseseitenwagen mit Notsitz" (Typ 2 S). Ein solches Gespann ist das ideale, weil wirtschaftliche und rasche Fahrzeug für die kleine Familie.
10. Eine der neuesten Royal-Schöpfungen ist das „Universal-Cabrio" (Typ RUC), ein reizender, sehr weich gefederter, Tourenwagen.

Für jeden Geschmack und alle Ansprüche das richtige Royal-Modell

*Ein großer Name in der Geschichte des Seitenwagens: Royal aus München. Die Firma hatte stets ein umfassendes Angebot.*

*Die verkleidete Viktoria KR 8 von 1934 – ebenfalls mit Seitenwagen zu haben. Der starke 16-PS-Zweizylindermotor wurde als Hochleistungs-Aggregat bezeichnet.*

*Die 750er BMW vom Typ R 17 – 33 PS stark – war ein „Büffel" unter den deutschen Motorrädern. Schon damals war die Berliner Vertretung Theo Schoth, wie der Stempel zeigt, ein Spezialbetrieb für BMW-Maschinen!*

Prospekt von NSU (jetzt mit dem D-Rad-Hersteller vereint), speziell dem Seitenwagen-Programm gewidmet. Angeboten werden fünf verschiedene Typen von 212 (Kastenwagen Modell Reichspost) bis 295 Mark, Bereifung und Montage beim Händler einbegriffen.

**RM. 195.–**

**NSU-Halbsport** für die NSU-Typen 351/501 OSL: Karosserie aus Ia Stahlblech, NSU-Spezial-Lackierung verchromte Stoßstange und Rennbügel, gefederte Kunstlederpolsterung, Steckachse, Fußbelag, Stromlinienlampe, Kotflügelgriff, verstellbare Fußrolle, NSU-Kugelschnellanschluß, mit Bereifung, fertig angeschlossen RM. 195.–

**RM. 295.–**

**NSU-Luxus-Sport** für die NSU-Typen 501 OSL, 501/601 TS: Karosserie aus Ia Stahlblech, NSU-Spezial-Lackierung, verchromte Stoßstange und Rennbügel, verschließbarer Kofferraum (Sicherheitsschloß im Griff eingebaut), gefederte Kunstlederpolsterung, Seitenverkleidung, Steckachse, Fußbelag, Stromlinienlampe, Kotflügelgriff, verstellbare Fußrolle, NSU-Kugelschnellanschluß, mit Bereifung, fertig angeschlossen RM. 295.–

NSU

**NSU-D-Rad**
**Vereinigte Fahrzeugwerke A. G. Neckarsulm**

Gleichgültig, ob Sie Interesse an einem einzelnen Beiwagen oder an einem kompletten Gespann haben – kommen Sie zu einem der 6000 NSU-Vertreter und lassen sich einmal die verschiedenen für Sie in Frage kommenden Modelle zeigen und vorführen. Dazu ladet Sie ein:

RM. 295.–

**NSU-Tourensport** für die NSU-Typen 501 OSL, 501/601 TS: Karosserie aus Ia Stahlblech, NSU-Spezial-Lackierung, Kofferraum, Gepäckschienen, gefederte Kunstlederpolsterung, Seitenverkleidung, Fußbelag mit Fußrolle, Stromlinienlampe, Windschutzscheibe, **Schwingachse,** DRP.-Kugelschnellanschluß, mit Bereifung, fertig angeschlossen RM. 295.—

RM. 212.–

**Kastenseitenwagen** für die NSU-Typen 501/601 TS: Aufbau aus Ia Sta NSU-Spezial-Lackierung, mit verschließbarem Deckel, Steckachse und Stro lampe, NSU-Spezial-Kugelanschlüssen, mit Bereifung, fertig angeschlosse siehe Preisliste. RM. 212.—

*Weitere Abbildungen aus dem umseitig beschriebenen NSU-D-Rad-Prospekt. Die Tür im Boot war noch immer ein beliebtes Attribut. Der Kindersitz würde heutigen Sicherheitsanforderungen vermutlich nicht mehr gerecht werden.*

RM. 295.–

**NSU-„Touren“** für die NSU-Typen 501 OSL, 501/601 TS: Karosserie aus Ia Stahlblech mit herausnehmbarem Kindersitz (der auch als Gepäckraum verwendet werden kann), bequeme Einsteigtüre, NSU-Spezial-Lackierung, Seitenverkleidung, Stromlinienlampe, Fußrolle, Kofferträger, NSU-Kugelschnellanschluß, mit Bereifung, fertig angeschlossen RM. 295.—

*Titelseite des nebenstehend beschriebenen Prospekts von 1935. Diese Art der Illustration pflegte man damals mit Vorliebe. Ein ausführlicher Text wies darauf hin, wie gesellschaftsfähig das Reisen per Motorrad geworden war.*

Werbung für M-P-Beiwagen aus Wien. Man gab auf den Seitenwagen ein volles Jahr Garantie, auf einzelne Teile sogar zwei Jahre. Im Text heißt es, M-P (Max Porges) habe die „Führung aller Beiwagen der Welt errungen". (Weitere Abbildungen auf den Seiten 41 und 42)

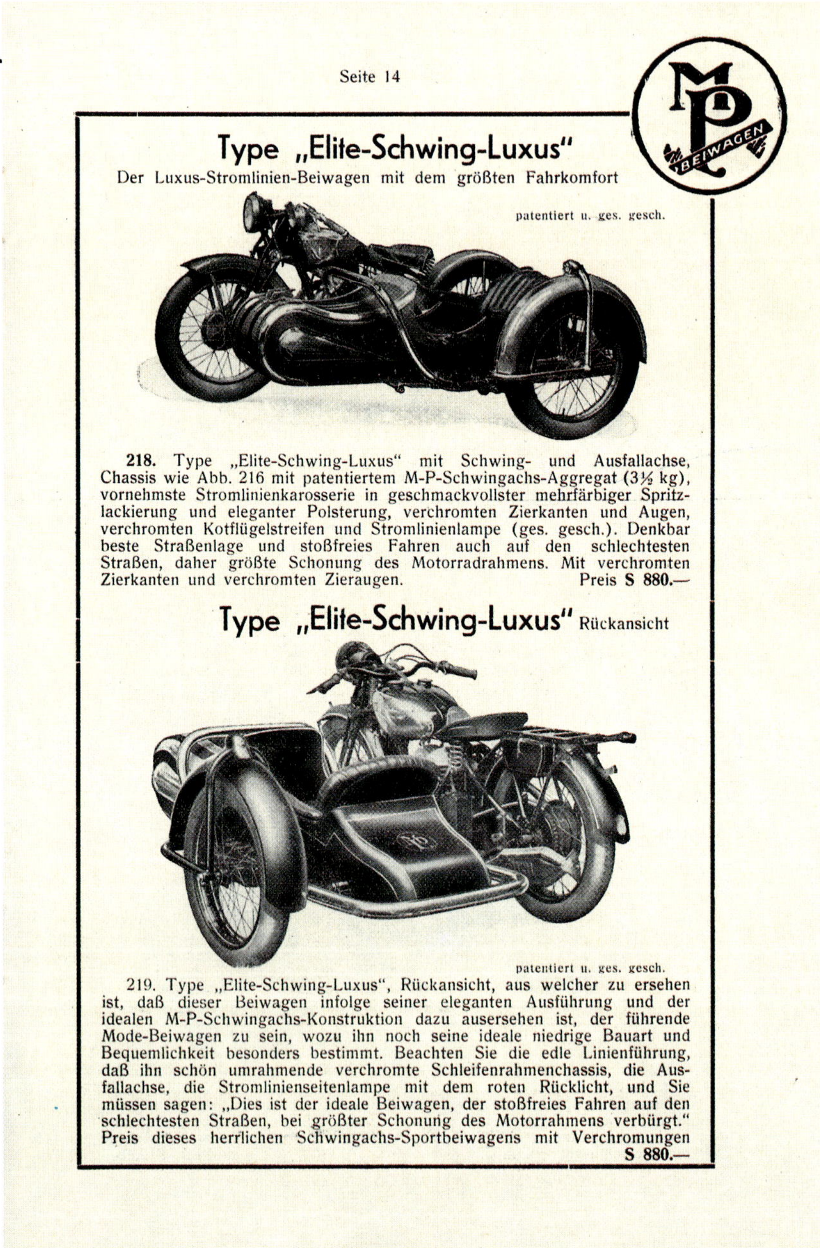

Seite 14

## Type „Elite-Schwing-Luxus"

Der Luxus-Stromlinien-Beiwagen mit dem größten Fahrkomfort

patentiert u. ges. gesch.

**218.** Type „Elite-Schwing-Luxus" mit Schwing- und Ausfallachse, Chassis wie Abb. 216 mit patentiertem M-P-Schwingachs-Aggregat (3½ kg), vornehmste Stromlinienkarosserie in geschmackvollster mehrfärbiger Spritzlackierung und eleganter Polsterung, verchromten Zierkanten und Augen, verchromten Kotflügelstreifen und Stromlinienlampe (ges. gesch.). Denkbar beste Straßenlage und stoßfreies Fahren auch auf den schlechtesten Straßen, daher größte Schonung des Motorradrahmens. Mit verchromten Zierkanten und verchromten Zieraugen. Preis **S 880.—**

## Type „Elite-Schwing-Luxus" Rückansicht

patentiert u. ges. gesch.

219. Type „Elite-Schwing-Luxus", Rückansicht, aus welcher zu ersehen ist, daß dieser Beiwagen infolge seiner eleganten Ausführung und der idealen M-P-Schwingachs-Konstruktion dazu ausersehen ist, der führende Mode-Beiwagen zu sein, wozu ihn noch seine ideale niedrige Bauart und Bequemlichkeit besonders bestimmt. Beachten Sie die edle Linienführung, daß ihn schön umrahmende verchromte Schleifenrahmenchassis, die Ausfallachse, die Stromlinienseitenlampe mit dem roten Rücklicht, und Sie müssen sagen: „Dies ist der ideale Beiwagen, der stoßfreies Fahren auf den schlechtesten Straßen, bei größter Schonung des Motorrahmens verbürgt." Preis dieses herrlichen Schwingachs-Sportbeiwagens mit Verchromungen **S 880.—**

*Prospekt von 1937 der Triumph-Werke Nürnberg. Die S 500 hatte einen 20 PS starken ohv-Einzylinder und ein Vierganggetriebe. Auch hier wieder ein links montierter Seitenwagen.*

*Links: Prospekt der Firma Ahlborn jr. in Leipzig, die neben Wohnwagen und Transport-Anhängern auch Motorrad-Seitenwagen herstellte.*

*Rechts: Weitere Seiten aus dem M-P-Katalog (siehe Seite 38).*

## „Zweisitzer" geschlossen

für Maschinen von 750—1400 ccm

patentiert

**226.** Type „Preßrahmen-Schwingachs", Chassis wie Abb. 224, mit extrastarken Langfedern, mit Zweisitzer-„Kanu"-Karosserie. Preis **S 950.—**
Derselbe Beiwagen, jedoch mit Zweisitzer-Karosserie in Tourenform. Preis **S 950.—**
Im geschlossenen Zustand kaum länger wie ein normaler Beiwagen.

## „Zweisitzer" offen

für Maschinen von 750—1400 ccm

patentiert

**227.** Type „Preßrahmen-Schwingachs", Chassis wie Abb. 224, mit extrastarken Langfedern, mit Zweisitzer-„Kanu"-Karosserie, offen. Preis **S 950.—**
Derselbe Beiwagen, jedoch mit Zweisitzer-Karosserie in Tourenform. Preis **S 950.—**
Für zwei erwachsene Personen vollkommen bequem Platz bietend.

## „Super-Schwing"-Chassis

mit dem patentierten Schwingachsaggregat

patentiert u. ges. gesch.

**210.** Chassis Type „Super-Schwing" mit Ausfallachse, kalt und maschinell gebogen, daher hochelastisches, sehr leichtes Doppelrohrbogenchassis, vorn und rückwärts verchromt, mit dem patentierten gummigefederten M-P-Schwingachsaggregat (3½ kg), 4 stahlgepreßten Bindungen, idealen Langfedern mit Gummilagern und Gummigleitern, Stahlpreßnabe, tiefe Schwerpunktslage. Stoßfreies Fahren auch auf schlechten Straßen, daher größte Schonung des Motorradrahmens. Preis **S 500.—**

## Type „Super-Schwing-Sport"

Der Sport-Beiwagen mit dem großen Fahrkomfort.

patentiert u. ges. gesch.

**211.** Type „Super-Schwing-Sport" mit Schwing- und Ausfallachse, Chassis wie Abb. 210 mit dem patentierten M-P-Schwingachsaggregat (3½ kg), eleganter Sportkarosserie, in moderner Art ausgeführt, spritzlackiert und vornehm gepolstert, passender Sportwindschutz, verchromten Kotflügelstreifen und Stromlinienlampe (ges. gesch.). Stoßfreies Fahren auch auf schlechtesten Straßen, daher größte Schonung des Motorradrahmens. Preis **S 830.—**
Aufpreis für verchromte Zieraugen **S 28.—**

## „Elite-Schwing"-Chassis

mit dem patentierten M-P-Schwingachs-Aggregat

patentiert u. ges. gesch.

**216.** Chassis Type „Elite-Schwing" mit Ausfallachse, kalt und maschinell gebogenes, daher hochelastisches, sehr leichtes, geschlossenes Rohrrahmenchassis, vorn und rückwärts verchromt, mit dem patentierten, gummigefederten M-P-Schwingachs-Aggregat (3½ kg), 4 stahlgepreßten Bindungen, idealen Langfedern mit Gummilagern und patentierten geräuschlosen Gummigleitern (ohne Schmierung), Stahlpreßnabe, tiefe Schwerpunktslage. Stoßfreies Fahren auch auf den schlechtesten Straßen, daher größte Schonung des Motorradrahmens. Preis **S 500.—**

## Type „Elite-Schwing-Sport"

Der elegante Stromlinien-Beiwagen mit großem Fahrkomfort

patentiert u. ges. gesch.

**217.** Type „Elite-Schwing-Sport" mit Schwing- und Ausfallachse, Chassis wie Abb. 216 mit patentiertem M-P-Schwingachs-Aggregat (3½ kg), vornehmer Stromlinienkarosserie, in eleganter mehrfärbiger Spritzlackierung und Polsterung, verchromten Kotflügelstreifen und Stromlinienlampe (ges. gesch.). Beste Straßenlage und stoßfreies Fahren auch auf den schlechtesten Straßen, daher größte Schonung des Motorradrahmens. Mit lackierten Kanten und lackierten Zieraugen. Preis **S 830.—**

## Type „Record-Kanu"

Der leichte, strapazfähige Tourenbeiwagen mit sehr geräumiger Karosserie

**202.** Type „Record-Kanu" mit Ausfallachse, 4 Bindungen, Langfedern mit Pat.-Gummilagern und Gummigleitern, stahlgepreßter Nabe, Ganzstahl-Kanu-Karosserie mit bequemer Fauteuilpolsterung, Decke und Matte, mit sperrbarem Gepäcksraum, beliebte Tourentype mit sehr elastischer Federung, inklusive Seitenlampe. Preis **S 580.—**

## Type „Record-Sport"

Ein leichter Sportbeiwagen

**203.** Type „Record-Sport" mit Langfedern und Ausfallachse, 4 Bindungen, eleganter Sportkarosserie, in beliebiger Lackierung, extraleichte Sporttype, mit verchromten Sportbügel, inklusive Seitenlampe. Preis **S 600.—**

*Sehr unterschiedliche Konstruktions- und Stilelemente bestimmten das Seitenwagen-Angebot von M-P. Die Preisangaben beziehen sich auf österreichische Schilling.*

**Touren-Seitenwagen Nr. 14**
mit Kugelanschluß
**RM. 295.–**

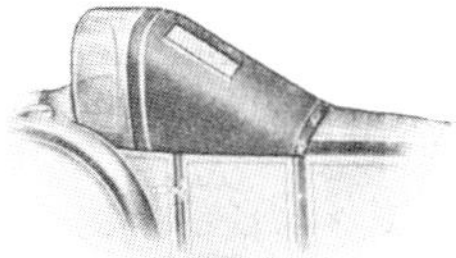

**Windschutzfenster Nr. 14**
**RM. 25.–**

A. GÄBELMANN
Generalvertretung
NSU - D - Rad
Leipzig S3 • Ruf 31183
Brandvorwerkstr. 52

**Reise-Seitenwagen Nr. 30**
bequem zum Einsteigen
**RM. 325.–**

**Verdeck Nr. 6**
**RM. 15.–**

| | | | | | |
|---|---|---|---|---|---|
| Staubdecke | RM. | 7.50 | Stromlinienlampe | RM. | 3.50 |
| Schwingachse | RM. | 19.50 | 2 Kugelanschlüsse | RM. | 15.— |
| Aufpreis für verchromte Felge | | | | RM. | 5.80 |

*Ein bescheidenes Werbeblatt für die Seitenwagen der großen Firma Steib, Nürnberg. Die Preise begannen schon bei 178 Mark.*

*Oben: Innenseiten aus dem umseitig beschriebenen Steib-Werbeblatt. Die verchromte Felge wurde mit 5,80 Mark Aufpreis berechnet.*

*Rechts: Jockisch zählt zu den Klassikern des Seitenwagenbaus. Dieser Prospekt von 1937 bietet auch ein Modell mit „Bugattischwanz“ an.*

„JUWEL"-SEITENWAGEN
Moderne Straßen - moderne Fahrzeuge
Rassige Motorräder - rassige Seitenwagen
ALFRED JOCKISCH · LEIPZIG N 25
IMMELMANNSTR. 6-8
FERNSPRECHER 58103
MOTORRAD-ZUBEHÖR-FABRIK

# „JUWEL"-SEITENWAGEN

**Vielfach gesetzl. geschützt. – Die „JUWEL"-Seitenwagen werden sauber und präzis ausgeführt. – Kein Massenprodukt, beste Werkmannsarbeit. Sämtliche Wagen sind rechts und links lieferbar.**

## Juwel DER KLEINE

**S. 25 RM 185.–**

zuzügl. Anschlußgeb. . . . . . . . . . . . RM 10.–

AUSSTATTUNG: Bereifung 3×19, Anschlußteile 3fach, Rennbügel emailliert, Fußraste, Beleuchtung

Achteckige Stahlblechkarosse mit Gepäckraum, Stoßstangen, Chassis. Für jede Belastung einstellbare Gummifederung. Solide Polsterung des Sitzes. Besonders geeignet für 200–350 ccm.

## Juwel TORPEDO-SPORT

**S. 26 RM 195.–**

zuzügl. Anschlußgeb. . . . . . . . . . . . RM 10.–

AUSSTATTUNG: Bereifung 3,5×19, Anschlußteile 3fach, Rennbügel emailliert, Fußraste, Beleuchtung

Stahlblechkarosse in Torpedo-Sportform, Chassis, Federung und Polster wie bei S. 25. Der Wagen ist sehr leicht und eignet sich für alle Maschinen ab 300 ccm.

## Juwel BUGATTI-SPORT

**S. 27 RM 235.–, S. 27a mit Schwingachse RM 275.–**

zuzügl. Anschlußgeb. . . . . . . . . . . . RM 10.–

AUSSTATTUNG: Bereifung 3,5×19, Anschlußteile 4fach, Rennbügel verchromt, Fußraste, Beleuchtung

Stahlblechkarosse mit Bugattischwanz, Stoßstangen-Chassis, Juwel-Gummifederung. Solide Polsterung des Sitzes. Mit der bestens bewährten JUWEL-Schwingachse ist dieser Typ für schwierigste Sportfahrten geeignet.

*Annoncen-Querschnitt 1937. Die Auswahl war groß, und auch weniger bekannte Anbieter hatte stets – wenn auch manchmal nur eine lokale – Chance. Rechts: Das Standard-Gespann 1938, für nur 1050 Reichsmark. Der große Stern am Bug war ein allerorts beliebtes Schmucksymbol.*

*Ein umfangreicher Prospekt für den Royal aus München. Lieferbar waren komplette Cabriolet-Ausstattungen.*

# Touren-Sport-Cabrio

## Modell „TSC“

Das Modell „TSC“ ist gleichermaßen ein Sport- wie Tourenseitenwagen. Die geräumige Karosserie bietet dem Insassen reichlich Platz. Der rückwärtige Gepäckraum ist durch vorklappen des Rückenpolsters zugänglich. Der Klappsitz erleichtert das Einsteigen. Eine verstellbare Fußstütze erhöht die Bequemlichkeit.

„TSC“ mit geschlossenem Verdeck und zugeknöpften Seitenteilen. Rückwärtige Gepäckstützen erleichtern das Mitnehmen eines Koffers.

ROYAL-SEITENWAGEN / MÜNCHEN 13, SCHLEISSHEIMERSTRASSE 205/209 • FERNSPRECHER NR. 34938

# Schwingachse

## Modell „S 23“

„TSC“ mit geschlossenem Verdeck, geöffneten Seitenteilen und Reserveradhalter.

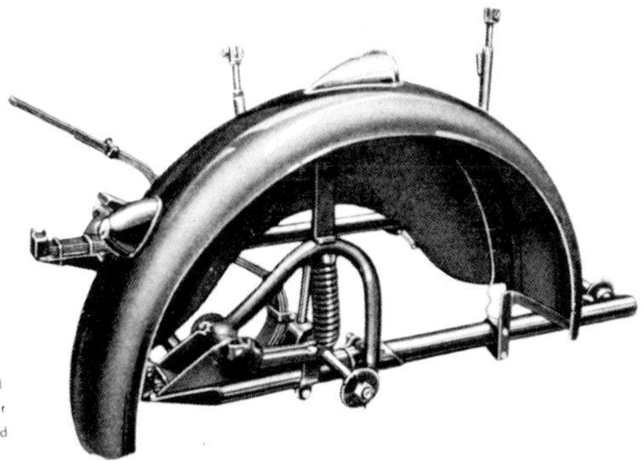

Die Schwingachse „S 23“ nimmt die Stöße und Vibrationen auf. Sie gewährleistet für Fahrer und Insasse ein angenehmeres Fahren und schont das Fahrzeug.

ROYAL-SEITENWAGEN / MÜNCHEN 13, SCHLEISSHEIMERSTRASSE 205/209 • FERNSPRECHER NR. 34938

„285 gef." mit verschiebbarem Windschutz und Reserveradhalter

# Touren-Seitenwagen

## Modell „285 gef."

„285 gef." mit verschiebbarem Windschutz und Kofferstützen

Das Modell „285 gef." ist ein sehr bequemer Reiseseitenwagen. Die Einsteigöffnung ist mit einem wasserdichten Gummistofflatz abdeckbar. Der rückwärtige Gepäckraum ist mittels des aufklappbaren Deckels leicht zugänglich und abschließbar.

ROYAL-SEITENWAGEN / MÜNCHEN 13, SCHLEISSHEIMERSTRASSE 205/209 • FERNSPRECHER NR. 34938

„285 gef." ohne Zubehör

# Fahrgestell

## Modell „285/1"

Das Fahrgestell „285/1" ist ein geschlossener Rohrrahmen von besonderer Stabilität. Die Karosse ist auf dem vorderen Querrohr drehbar auf Gummi gelagert und schwingt rückwärts in U-förmigen Blattfedern. Die Anordnung des Laufrades ergibt ausgezeichnete Fahreigenschaften. Die genügend hohe Bodenfreiheit erlaubt das Befahren auch der schlechtesten Wegverhältnisse.

ROYAL-SEITENWAGEN / MÜNCHEN 13, SCHLEISSHEIMERSTRASSE 205/209 • FERNSPRECHER NR. 34938

# PREISLISTE gültig ab 1. März 1939

**Seitenwagen** mit Anschlüssen, jedoch ohne Original-Maschinenrahmenbolzen, für jede Motorradtype ab 500 ccm, mit Bereifung 26 x 3,50, mit elektr. Lampe und Schlußlicht, nach Wunsch lackiert, ohne sonstiges Zubehör, jedoch fahrfertig:

| | | RM. |
|---|---|---|
| Modell „TSC" | Touren-Sport-Cabrio mit Schrägrollenlagerrad jedoch ohne Windschutz, Verdeck, Radverblendscheibe, Reserveradhalter etc. | 375.— |
| Modell „TSC" | wie oben, jedoch mit auswechselbarem Original-BMW-Rad | 408.— |
| Modell „285 gefalzt" | Touren-Seitenwagen mit seitl. Latz, mit Schrägrollenlagerrad | 392.— |
| Modell „285 gefalzt" | wie oben, jedoch mit auswechselbarem Original-BMW-Rad | 425.— |

**Seitenwagen-Zubehör:**

| | |
|---|---|
| Gepäckträgerstützen für „TSC" oder „285 gefalzt" | 5.50 |
| Reserveradhalter halbkreisförmig (zwischen Maschine u. Seitenwagen) | 25.— |
| Reserveradhalter für „285 gefalzt" komplett | 11.80 |
| Reserveradhalter für „TSC" komplett | 17.80 |
| Radverblendscheibe | 9.80 |
| Aufpreis für Schwingachse „S 23" | 30.— |
| Kotflügelgriff verchromt | 5.— |
| Wasserdichte Staubschutzdecke zum Anknöpfen | 12.50 |
| Windschutz mit verschiebbarem Gestänge | 25.— |
| Windschutz feststehend mit Rahmen für „TSC" | 18.— |
| Verdeck für „TSC" ohne Windschutz | 50.— |

**Motorrad-Zubehör:**

| | |
|---|---|
| Handschützer pro Paar | 14.— |
| Beinschutzdecke aus wasserdichtem Gummistoff, bis zu den Trittbrettern reichend, mit Befestigungsbeschlägen | 22.— |

## ROYAL-SEITENWAGEN

MÜNCHEN 13, SCHLEISSHEIMERSTRASSE 205/209 / TELEFON 34938

*Links: Zwei Seiten aus dem großen Royal-Prospekt 1939. Rechts: Preisliste. Man hatte sich – schon aus nachbarschaftlichen Gründen – ganz auf BMW eingestellt. Royal baute auch noch lange nach dem Kriege Seitenwagen.*

Phönix

250 ccm

RMW-MOTORRADWERKE G. M. B. H.

Spezialwerk für Motorradbau

NEHEIM-HÜSTEN

Fernruf 2362

Gegründet 1921

Vertreter:

Motor-Lilje
„Hannovers großes Motorradhaus"
Hannover
Marktstr./Röselerstr.
T. 23371

**Phönix Seitenwagen**

Ein formschönes Modell mit eleganter, sportlicher Leichtmetall-Karosserie. Wuchtige, rassige Gestaltung bei äußerster Stabilität, dabei leicht und wendig, bügelförmige Stoßstange, verchromter Haltebügel, Kofferauflage mit Riemenleisten, Klubsessel-Polsterung, Gepäckraum hinter dem Sitz, Armlehnen, stromlinienförmige Positions- und Schlußlampe auf breitem, stabilem Kotflügel, weiche, stoßdämpfende Gummifederung.

Konstruktionsänderungen und Änderungen in der Ausführung vorbehalten.
Lieferungen erfolgen zu den Bedingungen des Lieferwerkes.

Motor-Lilje
„Hannovers großes Motorradhaus"
Hannover
Marktstr./Röselerstr.
T. 23371

Phönix

Druck: Lappe & Semmler, Niederense BAR 12

*Phönix-RMW-Motorrad (250 ccm, 9 PS) als Gespann – ein heute kaum mehr bekanntes Fabrikat.*

*Großer Prospekt von Stoye, 1939. Die Linien des Seitenwagens mit seinem Kabinenaufbau aus Aluminium wirken ausgesprochen elegant. Das Dachteil war zum Aufrollen.*

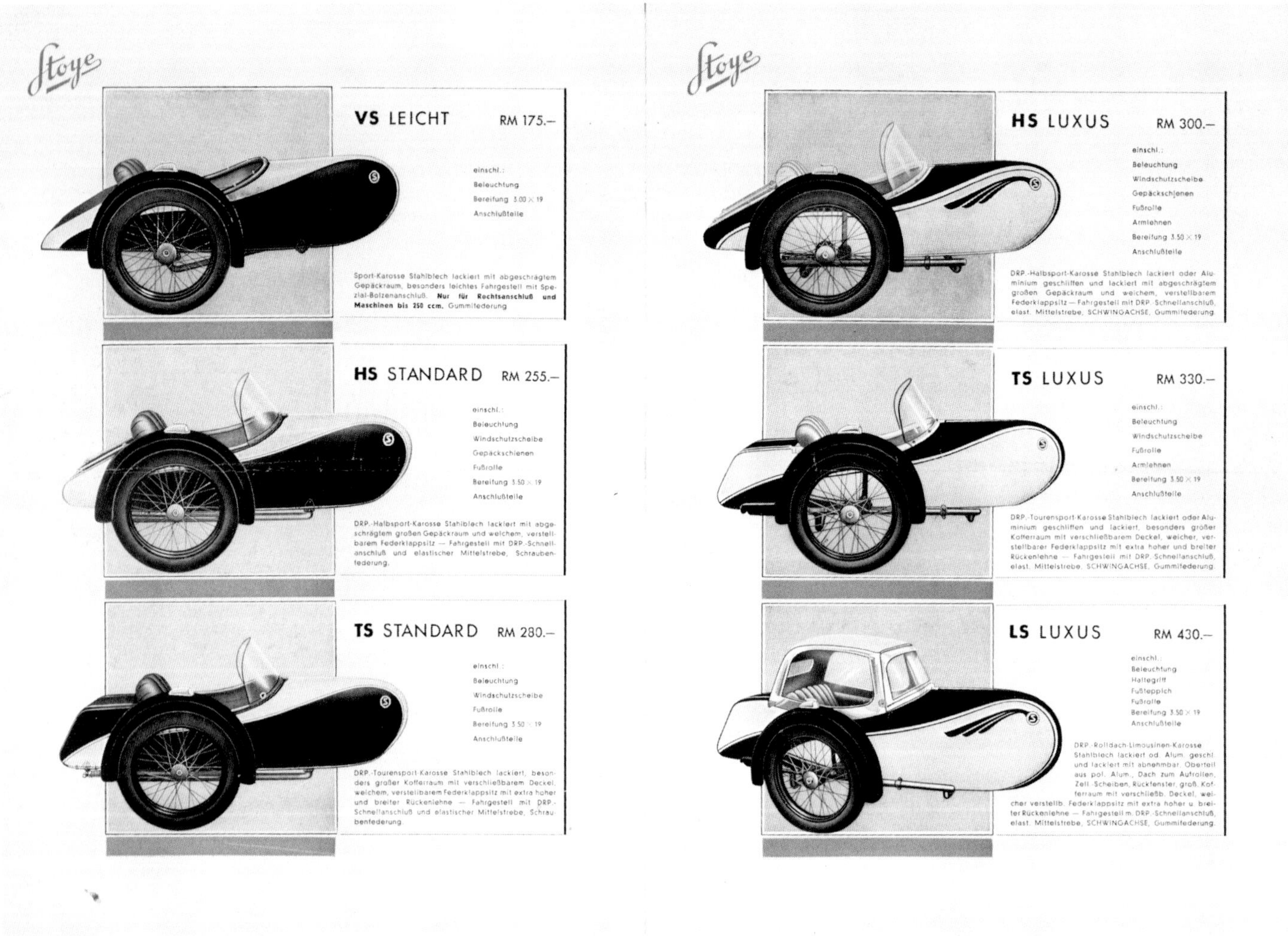

Stoye

**VS** LEICHT RM 175.–

einschl.:
Beleuchtung
Bereifung 3.00 × 19
Anschlußteile

Sport-Karosse Stahlblech lackiert mit abgeschrägtem Gepäckraum, besonders leichtes Fahrgestell mit Spezial-Bolzenanschluß. **Nur für Rechtsanschluß und Maschinen bis 250 ccm.** Gummifederung

**HS** STANDARD RM 255.–

einschl.:
Beleuchtung
Windschutzscheibe
Gepäckschienen
Fußrolle
Bereifung 3.50 × 19
Anschlußteile

DRP.-Halbsport-Karosse Stahlblech lackiert mit abgeschrägtem großen Gepäckraum und weichem, verstellbarem Federklappsitz — Fahrgestell mit DRP.-Schnellanschluß und elastischer Mittelstrebe, Schraubenfederung.

**TS** STANDARD RM 280.–

einschl.:
Beleuchtung
Windschutzscheibe
Fußrolle
Bereifung 3.50 × 19
Anschlußteile

DRP.-Tourensport-Karosse Stahlblech lackiert, besonders großer Kofferraum mit verschließbarem Deckel, weichem, verstellbarem Federklappsitz mit extra hoher und breiter Rückenlehne — Fahrgestell mit DRP.-Schnellanschluß und elastischer Mittelstrebe, Schraubenfederung.

Stoye

**HS** LUXUS RM 300.–

einschl.:
Beleuchtung
Windschutzscheibe
Gepäckschienen
Fußrolle
Armlehnen
Bereifung 3.50 × 19
Anschlußteile

DRP.-Halbsport-Karosse Stahlblech lackiert oder Aluminium geschliffen und lackiert mit abgeschrägtem großen Gepäckraum und weichem, verstellbarem Federklappsitz — Fahrgestell mit DRP.-Schnellanschluß, elast. Mittelstrebe, SCHWINGACHSE, Gummifederung

**TS** LUXUS RM 330.–

einschl.:
Beleuchtung
Windschutzscheibe
Fußrolle
Armlehnen
Bereifung 3.50 × 19
Anschlußteile

DRP.-Tourensport-Karosse Stahlblech lackiert oder Aluminium geschliffen und lackiert, besonders großer Kofferraum mit verschließbarem Deckel, weicher, verstellbarer Federklappsitz mit extra hoher und breiter Rückenlehne — Fahrgestell mit DRP.-Schnellanschluß, elast. Mittelstrebe, SCHWINGACHSE, Gummifederung.

**LS** LUXUS RM 430.–

einschl.:
Beleuchtung
Haltegriff
Fußteppich
Fußrolle
Bereifung 3.50 × 19
Anschlußteile

DRP.-Rolldach-Limousinen-Karosse Stahlblech lackiert od. Alum. geschl. und lackiert mit abnehmbar. Oberteil aus pol. Alum., Dach zum Aufrollen, Zell.-Scheiben, Rückfenster, groß. Kofferraum mit verschließb. Deckel, weicher verstellb. Federklappsitz mit extra hoher u. breiter Rückenlehne — Fahrgestell m. DRP.-Schnellanschluß, elast. Mittelstrebe, SCHWINGACHSE, Gummifederung.

*Sechs der zehn Stoye-Modelle von 1939. Wahlweise waren (fast) alle für Rechts- oder Linksanschluß zu bekommen.*

*Oben: Die Zündapp KS 600 im Geländesport. Solche Querfeldein-Prüfungen militärischer Ausrichtung gab es jede Menge. Rechts: Der gleiche Prospekt widmet zwei Seiten dem von Zündapp favorisierten Stoye-Beiwagen.*

## STOYE-SEITENWAGEN

**MODELL HS-STANDARD:** Stoye-Fahrgestell mit Kugel-Schnellanschlüssen (DRP. Nr. 511173), passend für die Zündapp-Modelle K 500 und KS 600, Federung durch weich arbeitende Zugfedern, Steckachse, geräumige, formschöne Ganzmetall-Karosse (DRP. Nr. 501365), schwarz lackiert und oben farbig abgesetzt, bequemer, aufklappbarer Sitz, großer Gepäckraum hinter der Rückenlehne, Windschutzscheibe, Gepäckauflegeschienen, Schlußlicht.

**MODELL TS-STANDARD:** Seitenwagen in gleicher Ausführung wie Modell HS-Standard, aber mit extra großem, von außen zugängl. und abschließbaren Kofferraum.

**MODELL HS-LUXUS:** Der Seitenwagen unterscheidet sich vom Modell HS-Standard durch folgende Konstruktions-Einzelheiten: Stoye-Schwingachs-Fahrgestell, Steckachse, geräumige, formschöne Ganzmetall-Karosse (DRP. Nr. 501365) aus Stahlblech, schwarz lackiert und oben farbig abgesetzt, oder aus Ganzaluminium, schwarz lackiert mit geschliffenem Oberteil, Karosse mit Gummifederung (DRP. Nr. 549308), Gepäckraum usw. wie bei Modell HS-Standard.

**MODELL TS-LUXUS:** Seitenwagen in gleicher Ausführung wie Modell HS-Luxus, aber mit extra großem, von außen zugänglichen und abschließbaren Kofferraum.

**Gegen Aufpreis sind für alle Modelle erhältlich:** Reserveradhalter, Reserverad sowie ein praktisches Regenverdeck, welches mit einigen Handgriffen befestigt, dem Seitenwagen-Insassen bei schlechtem Wetter vollkommenen Schutz bietet. Die Seitenwagen werden serienmäßig rechtslaufend geliefert. Die Abbildung zeigt das Modell HS-Luxus.

# BMW R75

*das Kraftrad für jedes Gelände*

*Überwiegend militärischen Zwecken diente die BMW R 75 mit Seitenwagen; immerhin gab es aber für dieses Gespann einen ,,zivilen" A4-Prospekt. Stolz wies man auf den Zweirad-Antrieb hin.*

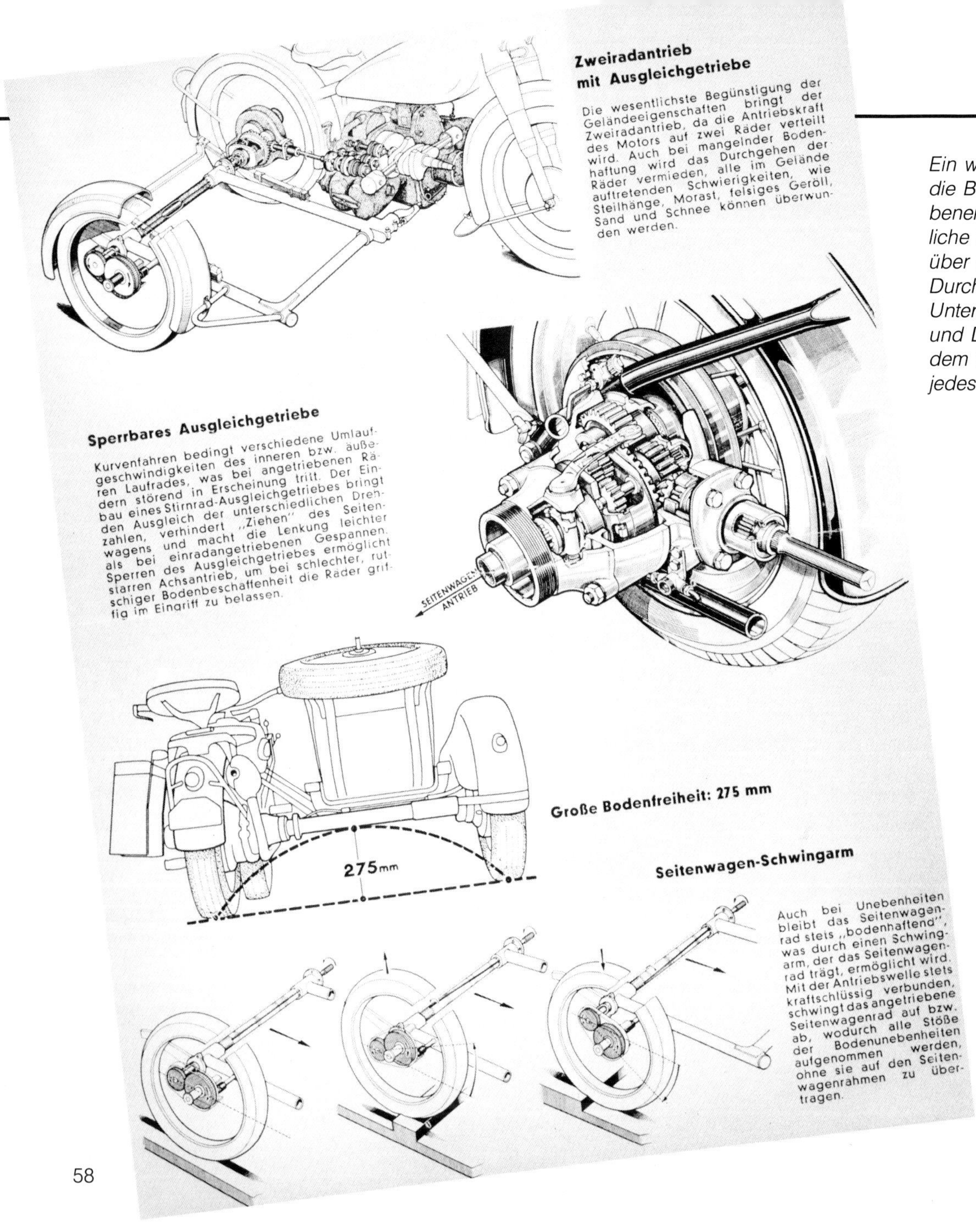
**Zweiradantrieb mit Ausgleichgetriebe**

Die wesentlichste Begünstigung der Geländeeigenschaften bringt der Zweiradantrieb, da die Antriebskraft des Motors auf zwei Räder verteilt wird. Auch bei mangelnder Bodenhaftung wird das Durchgehen der Räder vermieden, alle im Gelände auftretenden Schwierigkeiten, wie Steilhänge, Morast, felsiges Geröll, Sand und Schnee können überwunden werden.

**Sperrbares Ausgleichgetriebe**

Kurvenfahren bedingt verschiedene Umlaufgeschwindigkeiten des inneren bzw. äußeren Laufrades, was bei angetriebenen Rädern störend in Erscheinung tritt. Der Einbau eines Stirnrad-Ausgleichgetriebes bringt den Ausgleich der unterschiedlichen Drehzahlen, verhindert „Ziehen" des Seitenwagens und macht die Lenkung leichter als bei einradangetriebenen Gespannen. Sperren des Ausgleichgetriebes ermöglicht starren Achsantrieb, um bei schlechter, rutschiger Bodenbeschaffenheit die Räder griffig im Eingriff zu belassen.



**Große Bodenfreiheit: 275 mm**

**Seitenwagen-Schwingarm**

Auch bei Unebenheiten bleibt das Seitenwagenrad stets „bodenhaftend", was durch einen Schwingarm, der das Seitenwagenrad trägt, ermöglicht wird. Mit der Antriebswelle stets kraftschlüssig verbunden, schwingt das angetriebene Seitenwagenrad auf bzw. ab, wodurch alle Stöße der Bodenunebenheiten aufgenommen werden, ohne sie auf den Seitenwagenrahmen zu übertragen.

*Ein weiteres Prospektblatt für die BMW R 75 mit angetriebenem Seitenwagen. Ausführliche Beschreibungen geben über alle Details Auskunft. Durch die Gelände-Untersetzung des Getriebes und Differentialsperre war mit dem R-75-Gespann praktisch jedes Terrain zu meistern.*

# 1949

*Eine Zeitlang nach dem Kriege war auch die in Wuppertal ansässige Firma Tornax noch mit von der Partie. Dieser Prospekt, der auch für ein Gespann (ab 125 ccm!) warb, erschien im Jahre 1949.*

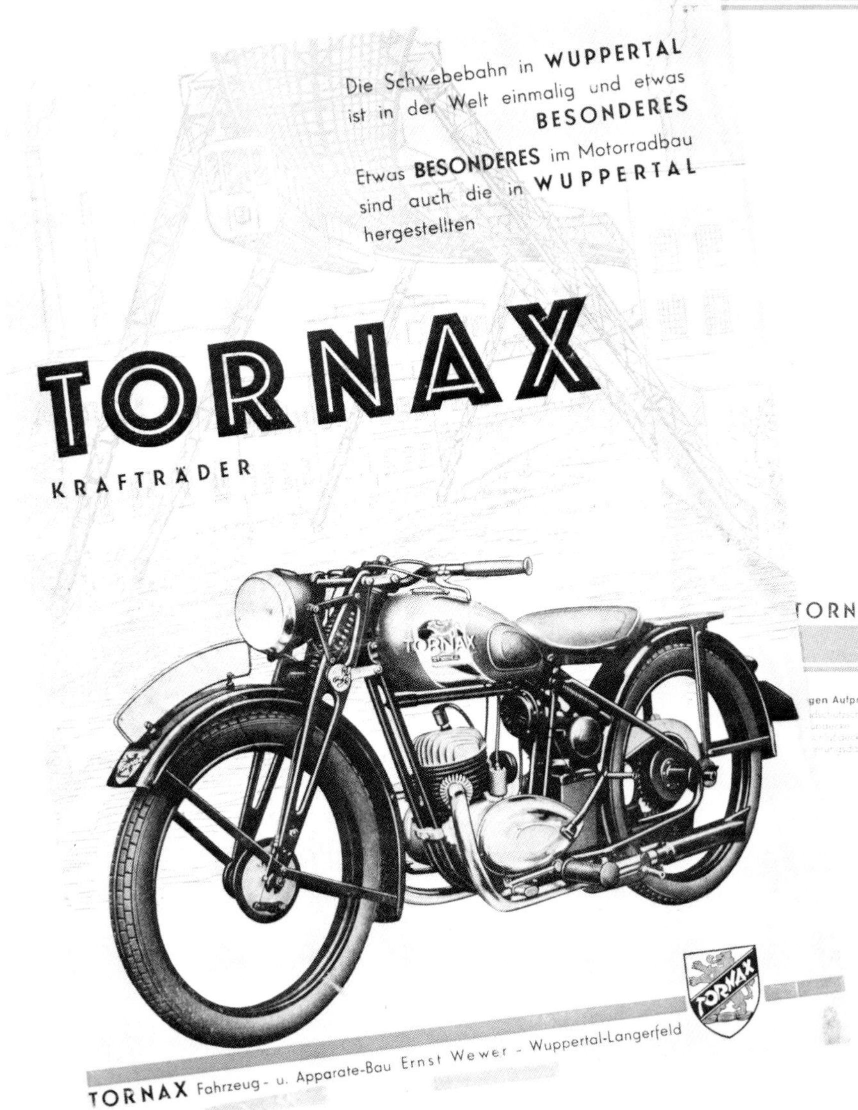


DER NEUE

TORNAX-Seitenwagen

(Tragkraft ca. 100 kg)

TORNAX S 102

gen Aufpreis kann mitgeliefert werden:

VERTRETER:

TYPE IDEAL AERO

**Good-look-Ideal**

**Standardausführung:** Zweifärbige Reisekarosserie mit „Alles-Platz" Gepäcksraum, freie Aussicht durch große Fenster, vorne offenes **Schwingbogenchassis,** Ausfallbügel, 2 Lampen, Stromlinienkotblech, Langfedern . . . . . . . . . . . . **S 4.150.—**

**Luxusausstattung:** lt. Detailliste

**Ideal-Aero** . . . . . . **S 4.600.—**

mit Plexiglasaufsatz sonst Standardausführung wie vor

**Luxusausstattung:** lt. Detailliste

**Good-look-Sport**

**Der vollkommenste Beiwagen für das leichtere Motorrad, besonders für Puch TF**

**Standardausführung:** Zweifärbige Sportkarosserie, Gepäcksraum mit Türl, vorne offenes **Schwingbogenchassis,** Ausfallrad, Doppellampe, rundes Kotblech, Langfedern . . . . . . . . . . . . **S 3.550.—**

**Luxusausstattung:** lt. Detailliste

**Sport-Aero** . . . . . . **S 4.000.—**

mit Plexiglasaufsatz sonst Standardausführung wie vor

**Luxusausstattung:** lt. Detailliste

**Good-look-Spezial**

einfärbige, offene Sportkarosserie, Gepäcksraum, **Schwingbogenchassis,** fliegende Achse, Doppellampe, rundes Kotblech, Langfedern, Spritzdecke . . . . . . . . . . . . **S 2.700.—**

| | | | |
|---|---|---|---|
| **Anschlußteile** | **S 150.—** | **Schwingnabe** Richtpreis | **S 550.—** |
| **Anschlußarbeit** | **S 100.—** | **Beiwagenbremsrad** | **S 560.—** |

**Schwingnabe mit Bremse kombiniert: in Ausarbeitung**

*Alle Preise ohne Anschluß und Bereifung*

MOTORRADBEIWAGEN

# Austro Omega

# BEIWAGEN

**Werk: Josef Pruckner · Korneuburg b. Wien**
**Telefon 139**

**Vertrieb f. Wien: Wien 6., Linke Wienzeile 124, B 25-1-78 U**
und in ganz Österreich bei allen Motorradvertretungen

*Etwas eigenwillig im Text gibt sich dieser österreichische Prospekt der Firma Austro-Omega. Einfärbig, mit Türl und Gepäcksraum . . . Aber schnittig sah er schon aus, der Ideal Aero.*

*Werbung für den Steib – rasant wie stets. Wenn auch die Modell-Auswahl nicht mehr ganz so umfangreich wie früher war . . .*

*Zwei Seiten aus dem 1949er Steib-Prospektblatt. Jetzt pflegte man auch wieder Preise (in DM) zu nennen. Aber 375 Mark (für den LS 350) waren ein Jahr nach der Währungsreform sehr viel Geld; die Geschäfte gingen aber bald wieder zufriedenstellend.*

**Windschutzscheibe**

DM **20.**

Karosse aus Stahlblech, emailliert, Farbe zum Motorrad passend, mit Steckachse und Kugelanschluß, geeignet für Maschinen von 350–500 ccm

passend für Modelle LS 200, S 350 und S 500 Luxus

DM **375.**– ohne Bereifung

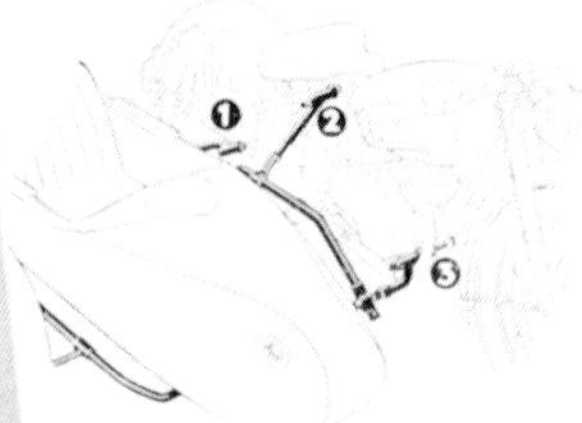


**Dreipunktkugelanschluß**

Karosse aus Stahlblech, emailliert, Farbe zum Motorrad passend, mit Steckachse und Dreipunktkugelanschluß, geeignet für Maschinen bis 250 ccm

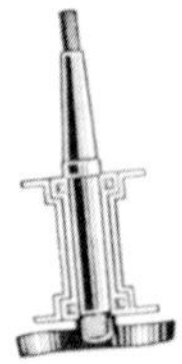

**Steckachse**

passend für Modelle LS 200, S 350 und S 500 Luxus

DM **285.**– ohne Bereifung

„Steib"-Schwingachse

DM **50.**—

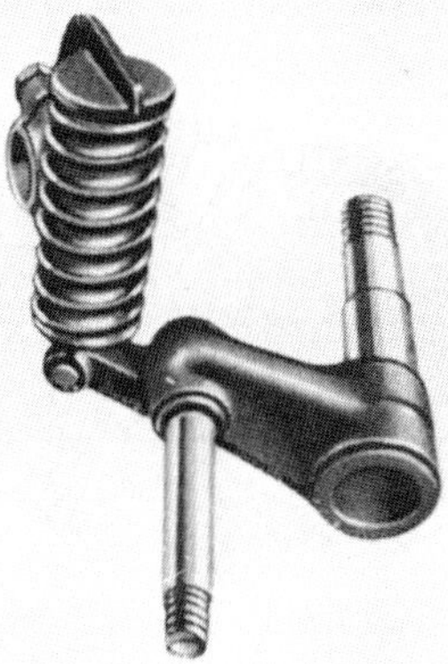

DM **440.**—
ohne Bereifung

Karosse aus Stahlblech, gepreßt, emailliert, Farbe zum Motorrad passend, mit Steckachse, Kugelanschluß und verschließbarem Kofferraum, geeignet für 500 ccm und schwerere Maschinen

passend für Modelle
S 350 und S 500 Luxus

Sämtliche Preise ab Werk, ausschließlich Verpackung. Bezüglich Ausführung und Preise Änderungen vorbehalten.

Steib **SPEZIALFABRIK FÜR SEITENWAGEN**
**NÜRNBERG** **ZERZABELSHOFSTR. 23—27 / TEL. 41391**

Bei Bestellung Fabrikat und Typ-Bezeichnung der Maschine angeben. Jeder Seitenwagen wird, wenn nichts besonderes erwähnt ist, für Rechtsanschluß geliefert.

*Wahlweise und gegen Aufpreis bekam man den Steib S 500 Luxus auch mit Schwingachse. Nach wie vor: Lackierung nach Wunsch!*

*Links: Für BMW war es die große Zeit des Gespann-Sports. Hier fahren die Champions Wiggerl Kraus und Bernhard Huser auf einer 1950er der großen Klasse – und sie gewannen alle 19 Meisterschaftsläufe des Jahres! Mit ihrer 900er wurden sie 1950, 1951 und 1953 Meister; ihnen folgte 1954 das Team Noll/Cron. Unten die gleiche Maschine, bis zu 180 km/h schnell . . .*

*Rechts: Prospekt des Hauses Triumph Nürnberg (TWN) von 1951. Die Gespannmaschine ist eine BDG 250 mit Zweitakt-Doppelkolben-Motor, 11 PS stark. Auf den Seitenwagen geht der Text indessen nicht näher ein.*

TRIUMPH
MOTORRÄDER
TRIUMPH
Weltbekannt
durch fortschrittliche
Konstruktion
Das bewährte Verkehrsmittel von heute

VICTORIA Aero
KR 25 HM

*Links: Victoria-Prospekt von 1951.*

*Oben: Binder-Prospektblatt – ganz auf DKW eingestellt . . .*

*Noch war auch Adler auf dem Markt. Die M 200 war eine zuverlässige Zweitakt-Maschine; stärkstes Kaliber war die 250er mit 16 PS. Aber auch von der 200er hieß es, sie sei eine ausgezeichnete Beiwagen-Maschine mit ausreichenden Kraftreserven.*

**BMW Schwingachs-Seitenwagen „SPEZIAL"**

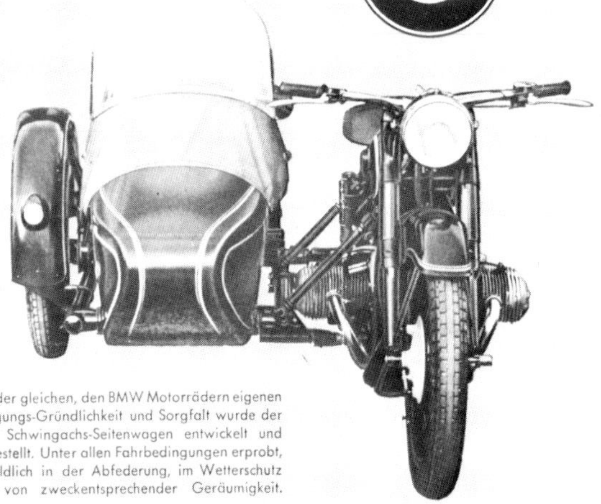

*M*it der gleichen, den BMW Motorrädern eigenen Fertigungs-Gründlichkeit und Sorgfalt wurde der neue Schwingachs-Seitenwagen entwickelt und hergestellt. Unter allen Fahrbedingungen erprobt, vorbildlich in der Abfederung, im Wetterschutz und von zweckentsprechender Geräumigkeit.

*Seinerzeit viel von der Polizei gefahren; Die große BMW mit Schwingachs-Seitenwagen. Als Tourenmodell für Nichtuniformierte aber nicht weniger interessant . . .*

*J*eder Anhänger und Freund des Seitenwagenfahrens, mag er im Touren-Stil oder ausgesprochen sportlich fahren, wird auf das angenehmste von den Fahreigenschaften dieses Gespannes beeindruckt sein. Ein schnelles, allrad-gefedertes Gefährt, das mühelos hohe Reisedurchschnitte zuläßt, dabei sparsam im Verbrauch und den Vorteil ausreichender Gepäckmitnahme bietend. Vier kräftige Anschlußstreben verbinden das Motorrad mit dem Seitenwagen. Die Abfederung des aus einem verschweißten, viereckigen Rohrrahmen bestehenden Seitenwagen-Fahrgestelles erfolgt durch einen Torsionsstab mit Schwingarm. Das besonders geräumige, vorn in Gummi gelagerte, hinten mit Viertelelliptik-Federn ausgestattete Seitenwagenboot bietet bei leichtem Einstieg bequeme Sitzmöglichkeit. Die Rückenlehne und das Sitzpolster sind geteilt, eine große Cellon-Windschutzscheibe und eine imprägnierte Staubdecke bilden wirksamen Wetterschutz für den Seitenwagen-Insassen. Der verschließbare Kofferraum im Heck des Seitenwagens ermöglicht das Mitnehmen von Gepäck oder eines 20 Ltr. fassenden Treibstoff-Kanisters. Eine neuentwickelte Haltevorrichtung dient zur Aufnahme des Reserverades; alle Räder sind untereinander auswechselbar. Durch Abnehmen der Halteklauen für das Reserverad wird die Vorrichtung zu einem Gepäckträger.

**Allgemeines:** [illegible]

BAYERISCHE MOTOREN WERKE AKTIENGESELLSCHAFT MÜNCHEN 13

*Werbung für den Binder-Seitenwagen 1952, dessen Bugpartie schon verriet, daß er für DKW-Motorräder gedacht war. Sehr praktisch war das zur Gänze nach vorn aufklappbare Oberteil des Bootes.*

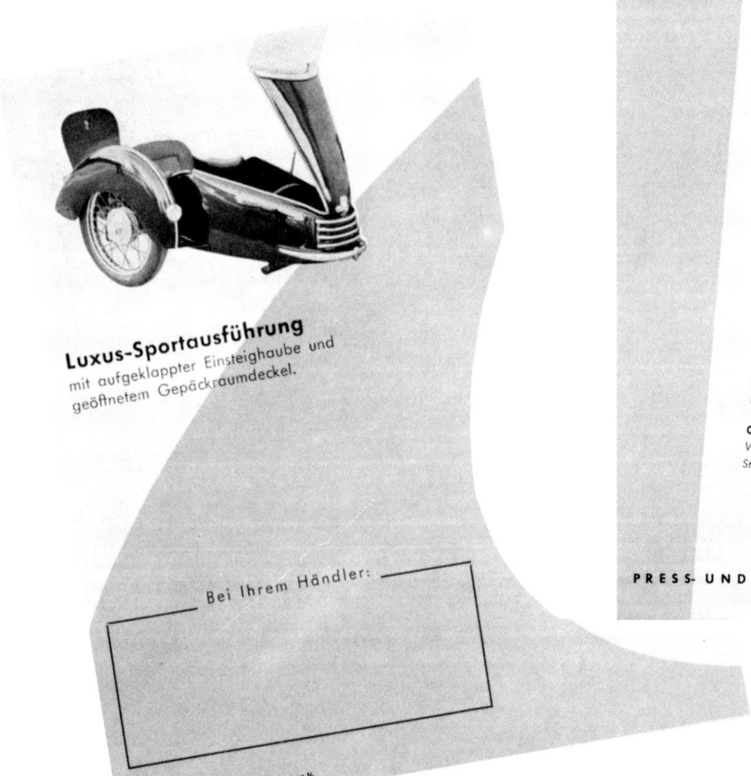

*Prospektblatt von 1952 der Firma Milson & Sohn, die später von Berlin nach Hannoversch-Münden umzog. Das Junior-Boot kostete 585 Mark.*

*Die Österreicher hatten ihre besondere Note. Nach Art des „Felber" war auch dieser Beiwagen mit einem Schleifenrahmen (Bügelrahmen) eine bemerkenswerte Konstruktion.*

Ausführung **B**

**WIENER LEICHTBEIWAGEN**

mit geschlossenem Rohrrahmenchassis und Langfedern

**Chassis:**
Geschlossener Schleifenrahmen aus nahtlos gezogenen Präzisions-Stahlrohren (Lizenzbau Felber). Sechsblättrige Federpakette, gummigelagerte Federachsen, Kotflügel mit 2 Stromlinien-Seitenlampen und Rad mit Steckachse im Ausfallbügel angeordnet. Chassis lackiert, auf Wunsch vorderer Bogen verchromt (Aufpreis siehe Preisliste).

**Karosserie:**
Aus Stahlblech, mit und ohne Kabriolettverdeck, sehr geräumig im Sitz- und Gepäcksraum, mit I a Plastik-Tapezierung und erstklassiger Nitrospritzlackierung. Sonderausstattungen siehe Preisliste.

| | | |
|---|---|---|
| Kabriolettausführung | 61 kg | S **3.200.** |
| Ausführung offen mit Regendecke | 58 kg | S **2.550.–** |
| Lieferbeiwagen mit Lieferkiste | 43 kg | S **2.200.** |
| Chassis | 34 kg | S **1.700.** |
| Kabriolettboot | 27 kg | S **1.700.** |
| Leichtbeiwagenboot offen mit Regendecke | 24 kg | S **1.200** |

*Rechts: Steib-Faltblatt von 1952. Der Slogan „Auf Händen getragen . . ." wurde immer wieder benutzt. Fünf Modelle werden beschrieben, von 425 bis 800 Mark (siehe auch nächste Seite).*

Steib
GÜNTHER
Wie auf Händen getragen
im Steib-Seitenwagen

## MODELL LS 200

**Geeignet für Motorräder bis 250 ccm.**

Rahmen aus nahtlos kaltgezogenem Präzisionsstahlrohr; Karosse aus Sondertiefziehblech. Mit Steckachse und verstellbarer Bootfederung. Dreipunktkugelanschluß. Hochglanzpolierte Aluminium-Gepäckauflageschienen. Gepäckraum durch Sicherheitsschloß in der Rückenlehne abschließbar. Polstersitz und Rückenlehne gut gefedert. Polsterarmlehnen. Stromform-Schutzblech, aufklappbar. Emailliert und mit Bereifung (Farbe und Reifengröße zum Motorrad passend). Gewicht ca. 60 kg.

**Preis: DM 450.– einschließlich Bereifung.**

Was man dem leichten Steib-Beiwagen alles zumuten kann, zeigten in überzeugender Weise die erfolgreichen Gespannfahrer der 250er Klasse bei allen Zuverlässigkeitswettbewerben des vergangenen Sportjahres. Wenn ein Seitenwagen den härtesten Geländeprüfungen standhält, dann ist er bei normaler Benützung nahezu unverwüstlich. Ein Steib-Seitenwagen macht immer Freude.

## MODELL S 350

**Geeignet für Motorräder von 350–500 ccm.**

Rahmen aus nahtlos kaltgezogenem Präzisionsstahlrohr. Stromform-Karosse aus Sondertiefziehblech. Schwingachse (Steckachse) mit Dämpfungselement. Verstellbare Bootfederung. Kugel- und Gabelanschluß. Hochglanzpolierte Aluminium-Gepäckauflageschienen. Gepäckraum durch Sicherheitsschloß in der Rückenlehne abschließbar. Polstersitz und Rückenlehne gut gefedert. Polsterarmlehnen. Stoßstange und Rennbügel hochglanzpoliert. Stromform-Schutzblech, aufklappbar. Emailliert und mit Bereifung (Farbe und Reifengröße zum Motorrad passend). Gewicht ca. 70 kg.

**Preis: DM 550.– einschließlich Bereifung.**

Mehr Fahrkomfort, das ist der Wunsch jeder Sozia und nur zu gerne wird sie den Sattel gegen den bequemen Polstersitz eines Steib-Seitenwagens eintauschen. Das Fahren macht ihr dann bestimmt nochmal soviel Freude und glauben Sie es nur, Ihre schöne Maschine, auf die Sie so stolz sind, sieht als Gespann ebenfalls sehr gut aus.

**Ob Gelände oder Straße – ein Steib-Seitenwagen hält was er verspricht!**

## MODELL S 500 L

**Geeignet für 500 ccm und schwerere Motorräder.**

Rahmen aus nahtlos kaltgezogenem Präzisionsstahlrohr; Stromform-Karosse aus Sondertiefziehblech. Schwingachse (Steckachse) mit Dämpfungselement. Verstellbare Bootfederung. Kugel- und Gabelanschluß. Kofferraum mit abschließbarem Deckel. Polstersitz und Rückenlehne gut gefedert. Polsterarmlehnen. Stoßstange und Rennbügel hochglanzpoliert. Seitenteile der Karosse innen verkleidet und mit einer Tasche ausgestattet. Karosse mit hochglanzpolierten Profilleisten abgesetzt. Stromform-Schutzblech, aufklappbar. Emailliert und mit Bereifung (Farbe und Reifengröße zum Motorrad passend). Gewicht ca. 80 kg.

**Preis: DM 600.– einschließlich Bereifung.**

Das Steib-Luxus-Modell ist mit seiner reichen Ausstattung so recht für Ihre Maschine geschaffen. Für den nötigen Fahrkomfort sorgt eine ausgezeichnete Polsterung sowie die Steib-Schwingachse, welche alle Unebenheiten der Straße auffängt. Auch der große Kofferraum freut den Fahrgast, denn damit ist . . .

## MODELL LT 200

**Geeignet für Motorräder bis 350 ccm.**

Rahmen aus nahtlos kaltgezogenem Präzisionsstahlrohr. Lieferkasten aus Sondertiefziehblech. Kastendeckel (leicht abnehmbar) mit 2 Zuhaltungen. Handgriff mit eingebautem Sicherheitsschloß. Kastengröße: 1450x400x400, Tragfähigkeit ca. 120 kg. Mit Steckachse und verstellbarer Federung. Dreipunkt-Kugelanschluß. Stromform-Schutzblech, aufklappbar. Emailliert und mit Bereifung (Farbe und Reifengröße zum Motorrad passend). Gewicht ca. 60 kg.

**Preis: DM 425.– einschließlich Bereifung.**

Der zweckgerechte Lieferwagen für viele Berufe. Der Kasten kann geschlossen und offen verwendet werden, denn der Deckel ist leicht ohne Werkzeug abnehmbar. Ein Liefergespann arbeitet immer rentabel und wird schnell zum unentbehrlichen Helfer im Geschäft. Die Anschaffung ist gering, der Nutzen groß.

**. . . die Gepäckfrage endlich gelöst! Ein Steib-Lieferwagen macht sich immer bezahlt!**

*Abbildungen aus einem Faltblatt der Firma Stolz. Jetzt werden auch Roller-Gespanne populär.*

Type Sport. Der bequeme Sport- und Reiseseitenwagen
Gewicht ca. 48 kg — Preis 498,— DM

**STOLZ-Seitenwagen, eine Spitzenleistung moderner Technik, der Zeit immer voraus. Alle Typen sind Original-Eigenkonstruktionen.**

Verstellbare Anschlußstrebe (D. Patent a.) während der Fahrt spielend leicht einstellbar, daher auch freihändiges Fahren selbst bei wechselnder Belastung und schrägster Straßenlage.

STOLZ „Safari“, der schöne und bequeme Reise-Rollerseitenwagen
Gewicht ca. 40 kg — Preis 575 DM

*Diana-Seitenwagen – ex-Stoye. Ein kleines Prospektblatt, das immerhin für drei anspruchsvolle Modelle wirbt, erschienen 1953.*

Der

**Seitenwagen**

mit dem

**Schwingenzeichen**

den die ganze Welt kennt, —

erfüllt die höchsten fahrtechnischen Ansprüche!

**Lieferung** ohne Bereifung, jedoch **incl. Schwingachse und Polster**

| | |
|---|---|
| Diana S 250 für Maschinen bis 250 ccm | **435,—** DM |
| Diana S 350 für Maschinen von 350—500 ccm | **480,—** DM |
| Diana S 500 für Maschinen ab 500 ccm | **525,—** DM |
| **Mehrpreise für Ausrüstung:** | |
| Windschutzscheibe in stabiler LM Einfassung, Celluloid | **20,—** DM |
| dito aus nicht brennbarem und nicht vergilbbarem Material | **30,—** DM |
| Staubschutzdecke mit verchromten Druckknöpfen | **20,—** DM |
| Rennbügel, verchromt | **20,—** DM |
| Innenverkleidung mit Tasche | **45,—** DM |
| Gummihaarpolsterung anstelle der normalen | **32,—** DM |
| Haltegriff auf Kotflügel | **8,—** DM |

TECHNISCHES:

1. Hervorragend gute gummigelagerte **Torsions-Schwingachse.**
2. Unverwüstliche **Gummifedern** hinten, **Gummilagerung** vorn.
3. Ideale **Sitzkonstruktion.** Sitzfläche aufklappbar, in der Höhe verstellbar.
4. Die **Geräumigkeit** unserer Wagen ist einer ihrer besonderen Vorzüge. Die Mutti kann das Kleine bequem auf den Schoß nehmen.
5. Unsere **Rennbügel** sitzen innen v o r der Scheibe, für handfesten praktischen Gebrauch.
6. Wie immer schon, ist der **Mittelstreben-Anschluß** verstellbar, der Wagen kann auch während der Fahrt genau ausgespurt werden.

Unsere Tourenwagen (T-Typen) gemäss umstehendem Bild mit wirklich großem Gepäckraum und Schloss: T 250 . . . . . **485,—** DM, T 350 . . . . . **530,—** DM T 500 . . . . . **595,—** DM. Die übrige Ausführung ist wie bei den S-Typen.

**Diana** o.H.G.
Seitenwagenfabrik
Tel.: Scherfede 429 (16) **Wrexen / Waldeck**

**Diana**

*Noch viele Hersteller sind in dem Verlauf der fünfziger Jahre dabei. Aber Steib gehört zu den ganz Großen. Dieses Blatt beschreibt nur die neue, auch nachrüstbare Öldruckbremse. Die steile Bergabfahrt des Gespanns auf der Titelseite soll die Zuverlässigkeit der Bremse symbolisieren. Die Sache kostete im neuen Wagen nur 100 Mark Aufpreis, bei Nachrüstung 200 Mark.*

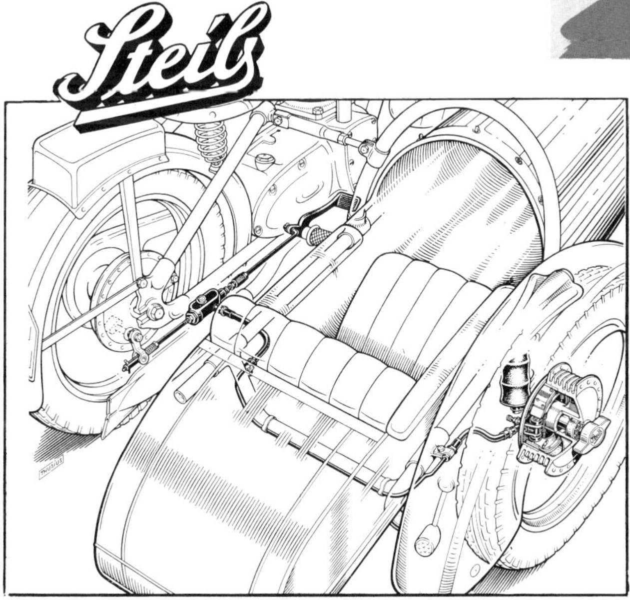


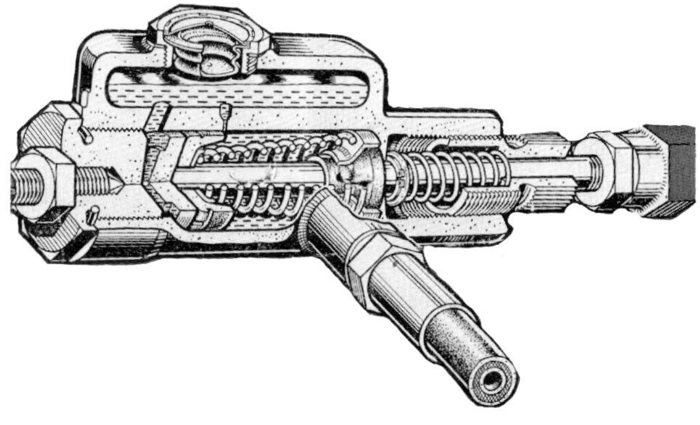

*Schnitt durch den Hauptbremszylinder. Die Anlage kam von der Firma ATE.*

*Oben: Steib-Inserat von 1953; rechts daneben ein Inserat für das Allwetter-Verdeck, das damals nur 72 Mark kostete. Rechts: Horex Regina 1953 mit Steib S 350.*

*Links: Für fast jeden Roller gab es einen oder mehrere Seitenwagen. Dieses Gespann für den Goggo kam von Kali (Kalinowski) Oberursel.*

*Rechts: Farbiger Prospekt für die Triumph BDG 250 H mit einem Seitenwagen von Steib, Modell LS 200.*

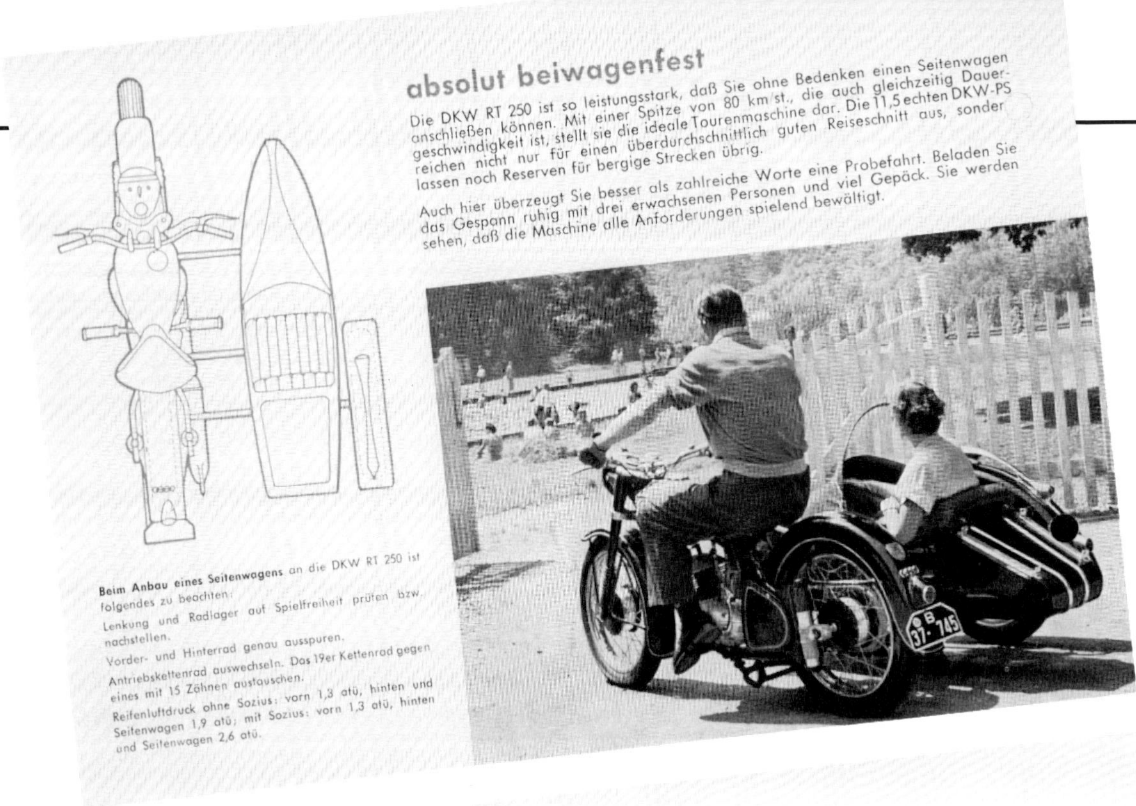

## absolut beiwagenfest

Die DKW RT 250 ist so leistungsstark, daß Sie ohne Bedenken einen Seitenwagen anschließen können. Mit einer Spitze von 80 km/st., die auch gleichzeitig Dauergeschwindigkeit ist, stellt sie die ideale Tourenmaschine dar. Die 11,5 echten DKW-PS reichen nicht nur für einen überdurchschnittlich guten Reiseschnitt aus, sonder lassen noch Reserven für bergige Strecken übrig.

Auch hier überzeugt Sie besser als zahlreiche Worte eine Probefahrt. Beladen Sie das Gespann ruhig mit drei erwachsenen Personen und viel Gepäck. Sie werden sehen, daß die Maschine alle Anforderungen spielend bewältigt.

**Beim Anbau eines Seitenwagens** an die DKW RT 250 ist folgendes zu beachten:

Lenkung und Radlager auf Spielfreiheit prüfen bzw. nachstellen.

Vorder- und Hinterrad genau ausspuren.

Antriebskettenrad auswechseln. Das 19er Kettenrad gegen eines mit 15 Zähnen austauschen.

Reifenluftdruck ohne Sozius: vorn 1,3 atü, hinten und Seitenwagen 1,9 atü; mit Sozius: vorn 1,3 atü, hinten und Seitenwagen 2,6 atü.

*Prospekt für die DKW RT 250 – der Seitenwagen ist kein Binder, sondern ein Steib.*
*Rechts: Auch das Boot an dieser Zündapp Elastic, Baujahr 1953, ist ein Steib S 350. Ein harmonisches Gespann.*

TOUREN-CABRIOLET MIT PLEXIVOLLSICHTKANZEL

Fahrgestelltype: **C 250** Gewicht: 63 kg
(mit Beiwagenbremse, Gepäckträger und Bereifung, fertig angeschlossen 76 kg)
Spurbreite: 1060 mm Gesamt-Fahrzeugbreite: ca. 1600 mm

Rekord-Beiwagen-Erzeugung Kommerzialrat Franz Castek · Wien XIV, Linzer Straße 10 · Telefon Y 14 1 33

DOPPELSITZER-REISE-CABRIOLET

Fahrgestelltype: **Elastik** Gewicht: 80 kg
Spurbreite: 1100 – 1160 mm

Rekord-Beiwagen-Erzeugung Kommerzialrat Franz Castek · Wien XIV, Linzer Straße 10 · Telefon Y 14 1 33

*Oben: Aus dem Seitenwagen-Programm der Wiener Firma Franz Castek. Kanzel-Aufsätze mit großen Fensterflächen waren gefragt. Rechts: Adler M 250 Tourenmodell mit Kali-Beiwagen. Dieses Gespann wurde im Oktober 1953 gezeigt.*

*Links: Die Rollerwelle rollt! Steib ist dabei, mit dem RS 1 für (fast) alle gängigen Modelle. Rechts: Heinkel-Prospekt 1955. Der Seitenwagen an der Tourist ist von Royal.*

HEINKEL

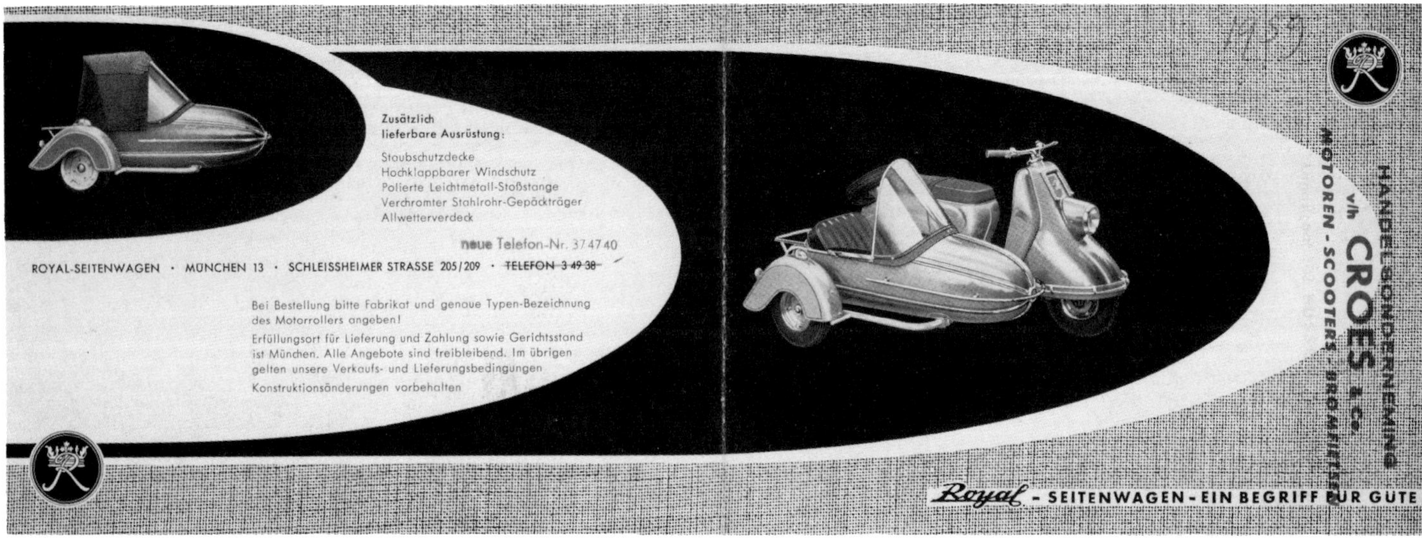

*Kleines Royal-Werbeblatt von 1955.*

*Großes Poster von Steib, gefaltet auf A4 und mit einem vollen Programm bestückt . . .*

# Steib Seitenwagen 1955

## Modell LS 200 für Motorräder bis 250 ccm

**Fahrgestell:** Aus nahtlos kaltgezogenem Präzisions-Stahlrohr. Dreipunkt-Kugelanschluß mit gummigelagerter Seitenstrebe. Angebaute Stoßstange mit Fußtrittplatte. Aufklappbares Schutzblech. Schwingachse (Steckachse) mit Dämpfungselement und Anschlagbegrenzung.

**Karosse:** Aus Sontertiefziehblech mit hochglanzpolierten Profilleisten abgesetzt. Hochglanzpolierte Aluminium-Gepäckauflageschienen. Gepäckraum durch Sicherheitsschloß in der Rückenlehne abschließbar. Polstersitz und Rückenlehne gut gefedert. Polsterarmlehnen. Progressive Gummiband-Bootfederung. Emailliert und mit Bereifung (Farbe und Reifengröße zum Motorrad passend).

**Preis: DM 450.— einschließlich Bereifung**

## Modell S 250 für Motorräder von 200-500 ccm

**Fahrgestell:** Geschlossener Rohrrahmen mit hochglanzpolierter Stoßstange aus Präzisions-Stahlrohr. Dreipunkt-Kugelanschluß mit gummigelagerter Mittelstrebe. Aufklappbares Schutzblech. Schwingarm-Radfederung (Steckachse) mit Gummidrehschubfeder im Rahmen eingebaut und Anschlagbegrenzung.

**Karosse:** Zweiteilig aus Sondertiefziehblech mit poliertem Einfassungsrohr und Profilleiste abgesetzt. Großer Gepäckraum durch Sicherheitsschloß in der Rückenlehne abschließbar. Schwingfreie Bootaufhängung. Vorne Federelemente, hinten progressive Gummibandfederung. Schaumgummi-Sitzfläche, überhöhte Rückenlehne aus gummiertem Roßhaarkern und Armlehnen gut gefedert. Emailliert und mit Bereifung (Farbe und Reifengröße zum Motorrad passend).

**Preis: DM 495.— einschließlich Bereifung**

## Modell S 501 für Motorräder ab 500 ccm

**Fahrgestell:** Aus nahtlos kaltgezogenem Präzisions-Stahlrohr. Vierpunkt-Anschluß mit Kugel- und gummigelagerter Gabelbefestigung. Stoßstange u. Rennbügel hochglanzpoliert. Aufklappbares Schutzblech. Schwingarm-Radfederung mit Gummidrehschubfeder im Rahmen eingebaut. Anschlagbegrenzung.

**Karosse:** Aus Sondertiefziehblech mit hochglanzpolierten Profilleisten abgesetzt. Gepäckraum durch Handgriff mit Schloß abschließbar. Polstersitz und Rückenlehne gut gefedert. Polsterarmlehnen. Seitenteile der Karosse innen verkleidet und mit einer Tasche ausgestattet. Bootfederung durch zwei verstellbare Federbeine mit hydraulischer Stoßdämpfung. Emailliert und mit Bereifung (Farbe und Reifengröße zum Motorrad passend).

**Preis: DM 600.— einschließlich Bereifung**

## Modell LT 200 für Motorräder bis 350 ccm

**Fahrgestell:** Aus nahtlos kaltgezogenem Präzisions-Stahlrohr. Dreipunkt-Kugelanschluß mit gummigelagerter Seitenstrebe. Aufklappbares Schutzblech. Schwingachse (Steckachse) mit Dämpfungselement und Anschlagbegrenzung.

**Lieferkasten:** Aus Sondertiefziehblech, mit Deckel (leicht abnehmbar) und zwei Haubenhaltern. Handgriff mit eingebautem Sicherheitsschloß. Kastengröße: 1450×400×400 mm. Progressive Gummiband-Bootfederung. Emailliert und mit Bereifung (Farbe und Reifengröße zum Motorrad passend).

**Tragfähigkeit:** ca. 140 kg.

**Preis: DM 425.— einschließlich Bereifung**

*Aus dem Poster-Faltblatt (vorige Seite): nach wie vor eine große Auswahl interessanter Typen. Nach alter Tradition sind Preisangaben mit enthalten.*

## Modell S 350 für Motorräder von 350-500 ccm

**Fahrgestell:** Aus nahtlos kaltgezogenem Präzisions-Stahlrohr. Vierpunkt-Anschluß mit Kugel- und gummigelagerter Gabelbefestigung. Stoßstange und Rennbügel hochglanzpoliert. Aufklappbares Schutzblech. Schwingachse (Steckachse) mit Dämpfungselement und Anschlagbegrenzung.
**Karosse:** Aus Sondertiefziehblech. Hochglanzpolierte Aluminium-Gepäckauflageschienen. Gepäckraum durch Sicherheitsschloß in der Rückenlehne abschließbar. Polstersitz und Rückenlehne gut gefedert. Polsterarmlehnen. Verstellbare Bootfederung. Emailliert und mit Bereifung (Farbe und Reifengröße zum Motorrad passend).

**Preis: DM 525.—**

**einschl. Bereifung**

## Modell TR 500 für Motorräder ab 500 ccm

**Fahrgestell:** Aus nahtlos kaltgezogenem Präzisions-Stahlrohr. Vierpunkt-Anschluß mit Kugel- und Gabelbefestigung. Aufklappbares Schutzblech. Schwingachse (Steckachse) mit Gummidrehschubfeder und Anschlagbegrenzung.
**Karosse:** Aus Sondertiefziehblech. Gepäckraum mit abschließbarem Verschluß versehen. Mit aufmontiertem Reserveradhalter. Polstersitz und Rückenlehne gut gefedert. Polsterarmlehnen. Seitenteile der Karosse innen verkleidet. Mit umlegbarer Windschutzscheibe und Staubdecke. Progressive Gummiband-Bootfederung. Emailliert und mit Bereifung (Farbe und Reifengröße zum Motorrad passend).

**Preis: DM 800.— einschl. Bereifung, Reserveradhalter, Windschutzsch. u. Staubdecke**

## Modell Roller 1 für Roller mit 8-12" Rad

**Fahrgestell:** Neuartiger Zentralrohr-Rahmen aus nahtlos kaltgezogenem Präzisions-Stahlrohr mit Zentral-Klemmanschluß. Schwingarm-Radfederung mit Gummi-Drehschubfeder im Rahmen eingebaut.

**Karosse:** Aus Sondertiefziehblech mit hochglanzpolierten Profilleisten abgesetzt, gleiche Ausführung wie Typ LS 200, mit angeschraubtem kleinen Kotflügel. Hochglanzpolierte Aluminium-Gepäckauflageschienen. Gepäckraum durch Sicherheitsschloß in der Rückenlehne abschließbar. Polstersitz und Rückenlehne gut gefedert. Polsterarmlehnen. Emailliert und mit Bereifung (Farbe und Reifengröße zum Motor-Roller passend).

**Preis: DM 350.— einschließlich Bereifung, zuzügl. Aufpreis für Originallaufrad**

## Modell Roller 2 für Roller ab 13" Rad

**Fahrgestell:** Neuartiger Zentralrohr-Rahmen aus nahtlos kaltgezogenem Präzisions-Stahlrohr mit Zentral-Klemmanschluß. Schwingarm-Radfederung mit Gummi-Drehschubfeder im Rahmen eingebaut. Aufklappbares Schutzblech.

**Karosse:** Aus Sondertiefziehblech mit hochglanzpolierten Profilleisten abgesetzt, gleiche Ausführung wie Typ LS 200. Hochglanzpolierte Aluminium-Gepäckauflageschienen. Gepäckraum durch Sicherheitsschloß in der Rückenlehne abschließbar. Polstersitz und Rückenlehne gut gefedert. Polsterarmlehnen. Emailliert und mit Bereifung (Farbe und Reifenaröße zum Motor-Roller passend).

**Preis: DM 400.— einschließlich Bereifung, zuzügl. Aufpreis für Originallaufrad**

*Ein reichhaltiges und preiswertes Zubehör-Programm (gegenüberliegende Seite) bietet Steib ebenfalls an.*

Steib

**die größte Seitenwagenfabrik der Welt**

# Das praktische Steib-Zubehör

**Nr. 300z4 Windschutzscheibe**
für Modelle LS 200, S 250, S 350, S 501, Roller 1 und 2 passend **DM 20.—**

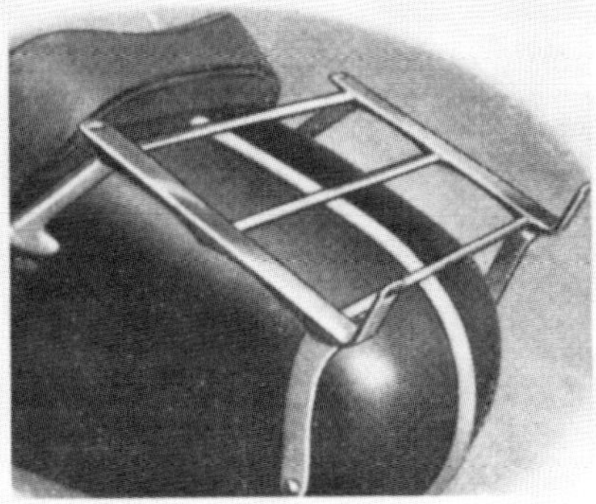

**Nr. 600z92 Kofferträger**
hochglanzpoliert, passend für S 250 **DM 40.—**

**Nr. 600z20 Kofferträger**
zurückklappbar, hochglanzpoliert, passend für Modell S 501 **DM 40.—**

**Nr. 600z44 Allwetterverdeck**
(ohne Windschutzscheibe) passend für Modell LS 200, S 350, Roller 1 und 2 **DM 72.—**

**Nr. 600z77** (ohne Windschutzscheibe) passend für Modell S 501 **DM 72.—**

**Nr. 600z94** (ohne Windschutzscheibe) passend für Modell S 250 **DM 72.—**

**Nr. 300z3 Staubdecke**
für Modelle LS 200, S 350, S 501, Roller 1 und 2 passend **DM 17.—**

**Nr. 300z13 Staubdecke**
passend für Modell S 250 **DM 17.—**

Jeder Seitenwagen kann für Rechts- und Linksanschluß gefertigt werden. Wenn nichts Besonderes erwähnt ist, wird Rechtsanschluß geliefert.

*Neu war das Plexi-Klappdach 1956 eigentlich nicht mehr, aber mit zusätzlichem Cabrio-Faltdach (für 195 Mark) hatte es noch keiner angeboten. Platzangst gebe es nicht, meinte der Texter . . .*

**Und hier die technischen Daten:**

**• MOTOR:**

Einzyl.-4-Takt-Motor, stehend, luftgekühlt
Hubraum: 247 ccm
Bohrung: 68 mm
Kolbenhub: 68 mm
Leistung: 12 PS bei 5500 U/min
Verdichtung: 6,7 : 1
Vergaser: IFA-Flachschiebervergaser
Zündanlage: Magnetzünder mit automatischer Zündverstellung
Lichtanlage: Lichtmasch. IKA Typ 6/45/60 Batterie 6 V/8 Ah
Kupplung: Elast. Einscheibentrockenkupplung
Getriebe: 4-Gang-Zahnradgetriebe mit Fußschaltung und elektr. Leerlaufanzeige
Getriebe-Abstufung:
1. Gang 4,59 : 1 2. Gang 2,88 : 1 3. Gang 2,11 : 1 4. Gang 1,65 : 1
Kraftübertragung vom Getriebe zum Hinterradantrieb
über Gummigelenk—Gelenkwelle—Kreuzgelenk
Untersetzung im Kardan Solo: 3,86 : 1 Seitenwagen: 4,66 : 1

**• RAHMEN:**

Verwindungssteifer Doppelrohrrahmen, beiwagenfest
Federung: Vorn Teleskopgabel mit hydraul. Stoßdämpfung
Hinten Geradeweg-Teleskopfederung
Sattel: Schwingsattel mit Formgummidecke und einstellbarer Feder
Räder: Drahtspeichenräder, vorn und hinten Steckachsen
Bereifung: 3,25×19
Bremsen: Innenbackenbremsen
Bremstrommel Ø 180 mm } vorn und hinten
Bremsbackenbreite 25 mm }

**• ABMESSUNGEN UND GEWICHTE:**

Radstand: 1361 mm
Größte Länge: 2111 mm
Größte Breite: 720 mm
Größte Höhe: 950 mm
Sattelhöhe: 710 mm
Bodenfreiheit: 125 mm
Leergewicht fahrfertig, ohne Kraftstoff: 140 kg
zul. Gesamtgewicht: 300 kg
Tankinhalt: 12 l, davon 2 l Reserve
Kraftstoffverbrauch: Solo (bei gleichbleibender Geschwindigkeit von 70 km/h in der Ebene)
3 l/100 km
Ölverbrauch: 0,1 l/100 km
Höchstgeschw.: 100 km/h

**VEB FAHRZEUG- UND GERÄTEWERK SIMSON SUHL**

Ein neues Zeichen für einen
alten Namen von guter Tradition!

Überreicht durch:

V/4/59-13 (Ag. 50/0043/55) — 24266

Druckerei Fortschritt Erfurt

*Simson-AWO 1959: Auch mit Seitenwagen erhältlich. Zumindest für den Export gen Westen.*

*Und dann kam die neue Motorradwelle – und Hersteller neuer und auch nostalgischer Boote faßten wieder Fuß. Eine frische Zweirad-Leidenschaft belebte das Geschäft.*

# MZ ETZ 250

mit Superelastik-Seitenwagen

| | |
|---|---|
| Motor | Einzylinder-Zweitaktmotor, elastisch aufgehängt |
| Bohrung/Hub | 69/65 mm |
| Hubraum | 243 cm³ |
| Verdichtung | 10:1 |
| Leistung | 15,5 kW (21 PS) bei 5500–5700 U/min |
| max. Kraftmoment | 27,4 Nm (2,8 kpm) bei 5200–5400 U/min |
| Vergaser | Zentralschwimmer-Startvergaser |
| Schmierung | Gemisch-Schmierung 1:50 auf Wunsch Frischöldosierung lieferbar |
| Kupplung | Mehrscheibenkupplung im Ölbad |
| Getriebe | Fußgeschaltetes Fünfganggetriebe |
| Zündung | Batteriezündung |
| Batterie | 12 V/9 Ah |
| Lichtmaschine | Drehstrom 14 V/15 A |
| Beleuchtung | 40/45 W (asymm. Abblendlicht) |
| Rahmen | Kastenprofilrahmen geschweißt |
| Federung vorn | Teleskopgabel, Federweg 185 mm |
| hinten | Schwinge, Federweg 100 mm |
| Bremse vorn (2 Ausführungen wahlweise) | hydraulisch betätigte Scheibenbremse, Bremsscheibendurchmesser 280 mm mechanisch betätigte Trommelbremse, Trommeldurchmesser 160 mm |
| Bremse hinten | Simplex-Trommelbremse, Trommeldurchmesser 160 mm |
| Bereifung vorn | 2,75 – 18 |
| hinten | 3,50 – 18 |
| Seitenwagenrad | 3,50 – 16 |
| Kraftstoffbehälter-Fassungsvermögen | 17 l |
| Gesamtlänge Gespann | 2160 mm |
| Gesamtbreite mit/ohne Spiegel | 1625/1500 mm |
| Höhe mit Spiegel | 1310 mm |
| Leermasse Gespann | 240 kg |
| zul. Belastung des Seitenwagens | 115 kg |
| zul. Gesamtbelastung des Gespanns | 271 kg |
| zul. Gesamtmasse des Gespanns | 515 kg |
| Beschleunigung mit 1 Person von 0 auf 80 km/h | 11,2 s |
| Höchstgeschwindigkeit mit 1 Person | etwa 100 km/h |
| Kraftstoffverbrauch je nach Fahrweise und Belastung | 4,2–6,5 l/100 km |

**VEB MOTORRADWERK ZSCHOPAU · DDR**
Betrieb des IFA-KOMBINATES für Zweiradfahrzeuge · Suhl

Exporteur:
***TRANSPORTMASCHINEN EXPORT · IMPORT DDR · 1080 Berlin***

Der schon auf den ersten Blick kraftvoll wirkende Einzylinder-Zweitaktmotor mit 15,5 kW (21 PS) verleiht dem Gespann hervorragende Fahrleistungen. Die hydraulische Vorderradbremse der ETZ 250 wird allen Anforderungen des modernen Straßenverkehrs bestens gerecht.
Die ETZ 250 ist mit 12-V-Bordnetz und einer Drehstromlichtmaschine mit 180 W Nennleistung ausgerüstet. Der nachträgliche Anbau von elektrischem Zubehör (z. B. Nebelscheinwerfer und -schlußleuchte) ist damit problemlos möglich.
Typische Merkmale des MZ-Superelastik-Seitenwagens sind der Blechpreßrahmen, die verstellbare Schwingenfederung mit einem Federweg von 100 mm, die Verbindung der Hinterrad- und der Seitenwagenschwinge durch einen Querstabilisator und die vom Fußbremshebel der Maschine mitbetätigte hydraulische Seitenwagenbremse. Drei Schnellanschlüsse verbinden die MZ ETZ 250 mit dem MZ-Superelastik-Seitenwagen.
Beim MZ-Superelastik-Seitenwagen läßt sich das vordere Oberteil der Karosserie leicht nach vorn schwenken, so daß ein bequemer Ein- und Ausstieg ermöglicht wird.
Der große Gepäckraum mit zusätzlichem Kofferträger auf der Gepäckraumklappe ist verschließbar. Den durch die Federung gebotenen Fahrkomfort erhöhen Windschutzscheibe, Schutzplane, wirkungsvolle Polsterung, ein breiter Fußraum, Armlehnen, Innenverkleidung und zwei Ablagefächer.

*Auch im Westen häufig zu sehen: Das DDR-MZ-Gespann mit dem unverkennbaren Seitenwagen, bei dem sich das Oberdeck zur Gänze öffnen läßt.*

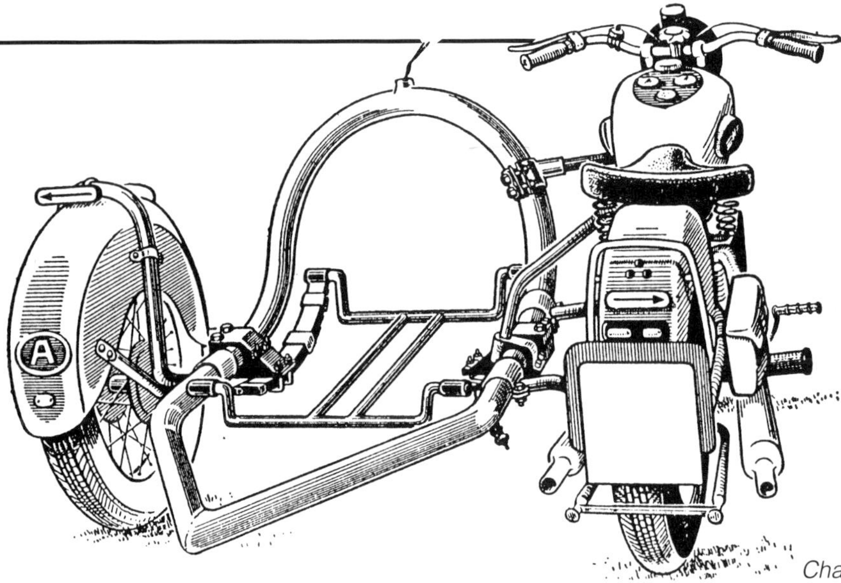

*Chassis des Felber-Beiwagens.*

Über das Fahren mit dem Gespann haben Fachautoren im Lauf der letzten sechzig oder siebzig Jahre zahlreiche Beiträge verfaßt. In vielen Büchern und Motorrad-Zeitschriften kann man mehr oder weniger detailliert nachlesen, wie man's falsch und wie man's richtig macht. Eine komplette Enzyklopädie des Motorrad-Gespanns hat es indessen bisher nicht gegeben. Die vielen Namen und Marken, die konstruktiven Besonderheiten und technischen Experimente, die sportlichen und touristischen Leistungen auf drei Rädern wurden stets nur sporadisch festgehalten. Alles Gründe, warum dieser Band der Schrader-Motor-Chronik sich speziell mit diesen Fahrzeugen befaßt, wobei – dem Charakter der Reihe entsprechend – die Wiedergabe von zeitgenössischem Werbe- und Pressematerial im Vordergrund steht. Deutsche und einige österreichische Motorrad- und Seitenwagen-Fabrikate füllen den zur Verfügung stehenden Platz zur Gänze aus, so daß Gespann-Marken aus anderen Ländern in einem nachfolgenden Band Rechnung getragen werden soll.

# Schrader-Motor-Chronik

## eine wachsende Erfolgsreihe

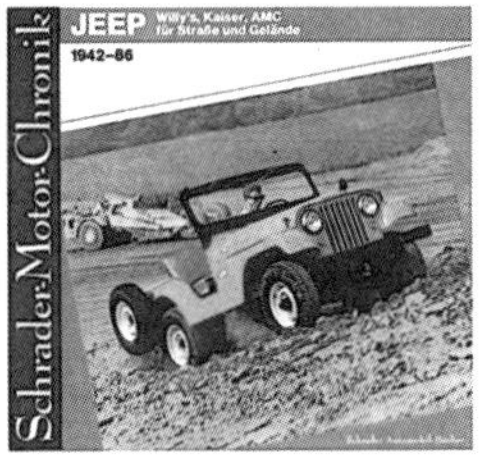

Interessante Dokumentationen in Faksimile, zusammengestellt anhand zeitgenössischen Werbe- und Pressematerials in Schwarzweiß und Farbe. Jeder Band enthält eine Vielzahl von Abbildungen, technischen Angaben und Daten, basierend auf authentischen Werksveröffentlichungen. Eine Liebhaber-Reihe für Sammler, Restaurateure und Nostalgiker.

| | |
|---|---|
| 22050 | Alfa Romeo Guilia 54-78 SMC36, DM 39,- |
| 22013 | Alfa Romeo Spider 55-86 SMC10, DM 39,- |
| 22020 | Austin-Healey 53-72 SMC13, DM 39,- |
| 22019 | BMW R 24 bis R27 49-67 SMC11, DM 39,- |
| 22054 | BMW Motorräder 2-Zyl. 50-73 SMC42, DM 39,- |
| 22010 | BMW Isetta 55-62 SMC1, DM 39,- |
| 22028 | BMW 501-507 52-68 SMC23, DM 39,- |
| 22046 | BMW 1500-2002 62-77 SMC33, DM 39,- |
| 22051 | Cheverolet Corvette 53-86 SMC37, DM 39,- |
| 22040 | Citroen 2 CV 48-86 SMC29, DM 39,- |
| 22011 | Citroen ID/DS 55-76 SMC3, DM 39,- |
| 22060 | DKW-Auto-Union 50-65 SMC39, DM 39,- |

| | |
|---|---|
| 22052 | Deutsche Seitenwagen Motorräder, SMC38, DM 39,- |
| 22047 | DKW Motorräder 49-58 SMC34, DM 39,- |
| 22035 | Ferrari V 12 72-86 SMC22, DM 39,- |
| 22026 | Fiat 500/600/Top 36-69 SMC16, DM 39,- |
| 22039 | Fiat Sportwagen 48-86 SMC 28, DM 39,- |
| 22022 | Ford Taunus 12 M/15 M 52-62 SMC5, DM 28,- |
| 22017 | Goggomobil/Isar 55-69 SMC9, DM 39,- |
| 22061 | Harley-Davidson Motorräder 18-78, SMC43, DM 39,- |
| 22012 | Horex Regina 50-56 SMC4, DM 39,- |
| 22016 | Jaguar MK Ii 55-69 SMC7, DM 39,- |
| 22042 | Jaguar E-Type 61-75 SMC31, DM 39,- |
| 22029 | Jeep 42-86 SMC24, DM 39,- |

| | |
|---|---|
| 22062 | Karmann Ghia 55-74 SMC44, DM 39,- |
| 22056 | LANZ Bulldog 28-55 SMC40, DM 39,- |
| 22014 | Mercedes 190 SL 55-63 SMC6, DM 39,- |
| 22021 | Mercedes 300 51-62 SMC15, DM 28,- |
| 22034 | Mercedes Heckfl. 59-65 SMC20, DM 39,- |
| 22038 | Mercedes Lkw/Omn. 47-61 SMC27, DM 39,- |
| 22043 | Mercedes Ponton 53-62 SMC32, DM 39,- |
| 22077 | M-B Cabriolets 1949-71, SMC47, ET 4/91, DM 39,- |
| 22067 | MGA/MGB/MGC 1955-1981 SMC45, DM 39,- |
| 22055 | MINI 59-83 SMC41, DM 39,- |
| 22078 | Morgan Sport- u. Tourenwg., 35-81, SMC48, ET 4/91, DM 39,- |
| 22032 | NSU Motorräder 49-63 SMC21, DM 39,- |

| | |
|---|---|
| 22049 | NSU Ro 80 + Wankel Spider 64-77, SMC35, DM 39,- |
| 22018 | Peugeot 203/403/404 48-72 SMC19, DM 39,- |
| 22041 | Porsche 356 48-65 SMC30, DM 39,- |
| 22027 | Porsche 911 63-86 SMC18, DM 39,- |
| 22089 | Triumph Motorräder 1903-57 SMC49, DM 39,- |
| 22036 | Triumph TR2-TR8 53-81 SMC25, DM 39,- |
| 22025 | Vespa Motorroller 48-86 SMC14, DM 39,- |
| 22090 | Volvo PV 444/544, P1800/S/E/ES 1945-73, SMC50, DM 39,- |
| 22015 | VW Käfer Cabrio 49-80 SMC8, DM 39,- |
| 22068 | VW Käfer Limous. 1938-1978 SMC46, DM 39,- |
| 22009 | VW Transp./Bus 49-67 SMC2, DM 39,- |
| 22037 | Zündapp Motorr. 47-84 SMC26, DM 39,- |

**Schrader Verlag**